如何修持心經

How To Study The Heart Sutra

開啟佛法智慧人生的寶典！

洪啟嵩 著

目錄

出版緣起……007
序……011

第一章 閱讀心經……019

心經……020
觀自在菩薩……033
行深般若波羅蜜多時……042
照見五蘊皆空……050
度一切苦厄……058
舍利子……061
色不異空，空不異色……065
色即是空，空即是色……067
受想行識，亦復如是……071

舍利子！是諸法空相……079
不生不滅……083
不垢不淨……085
不增不減……088
是故空中無色……091
無受、想、行、識
無眼、耳、鼻、舌、身、意
無色、聲、香、味、觸、法
無眼界，乃至無意識界
無無明，亦無無明盡……098
乃至無老死
亦無老死盡
無苦集滅道……104
無智亦無得

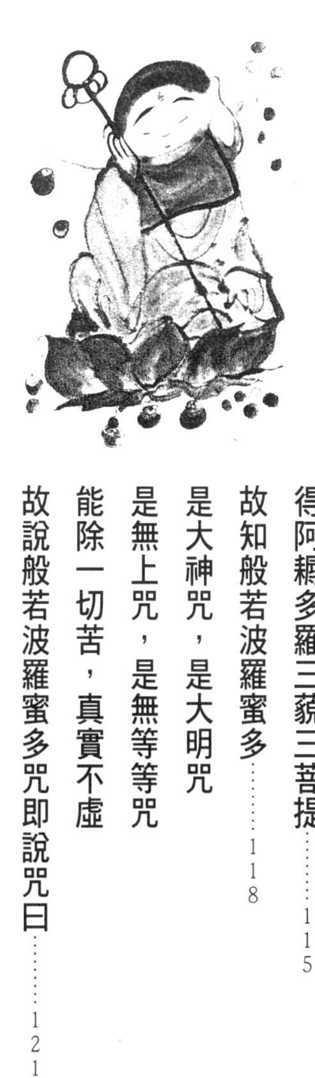

以無所得故……109

菩提薩埵依般若波羅蜜多故

心無罣礙，無罣礙故，無有恐怖

遠離顛倒夢想，究竟涅槃

三世諸佛……112

依般若波羅蜜多故

得阿耨多羅三藐三菩提……115

故知般若波羅蜜多……118

是大神咒，是大明咒

是無上咒，是無等等咒

能除一切苦，真實不虛

故說般若波羅蜜多咒即說咒曰……121

揭諦揭諦　波羅揭諦

波羅僧揭諦　菩提薩婆訶

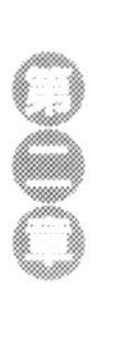

第二章 心經生活……123

實踐心經……124

心經的生涯規劃……131

心經的感應故事……137

第三章 心經的日修法……141

第四章 心經的藝術……149

附錄 般若心經傳譯史要……176

出版緣起

每一部佛經都是佛陀為了導引眾生離苦得樂、去除妄想證得覺悟境界而宣說的金言，也是諸佛如來的成佛心要。而每一部佛經也都因應著不同眾生的根器緣起，來指示大眾修證成佛的妙道。

所以佛經成立的主旨，就是希望大家投入佛經之中，以佛經的智慧為智慧，以經中的生活為生活，來實踐「佛經化的生涯」；而佛經不只是閱讀、誦持、聽聞、思惟佛經的境界。〈佛經修持法〉系列即是基於「佛經即生活」、「生活即佛經」的見地，來解說佛教經典中的修行法要，使不同因緣的大眾，可以抉擇與自己有緣的經典，來圓滿成就佛道。

一般人讀誦佛經的時候，常都只是讀誦而已。〈佛經修持法〉的出版目的，不僅期望大家清楚的持誦經文的每一個字，更希望將佛經的內容變成實踐實修的法門，可以實際在生活中運用；讓每一部佛經都有次第可以修持，從見地上的建立，到道地上的修證法則，最後證入佛經所描述的圓滿果地。

〈佛經修持法〉就是希望能夠承續古德未完成的志業，從閱讀佛經，來建立佛經的正見，依法修持實踐，整理匯入日常生活當中，成為隨時可以實踐的一致法門，甚至成為佛經的生涯規劃。

此外，〈佛經修持法〉並非立足於一種觀行的儀軌而已，也就是說，它並不像中國歷代的懺法，如：淨土懺法、或金剛般若懺法，乃至於密乘儀軌的修持法。雖然這樣的懺法儀軌也是一種觀行的次第。但是，這些觀行的次第，恐怕也只是在我們修法的時候，按照觀行的儀軌而去觀想實證而已，並不是我們日常二六時中，可以隨時隨地與我們的生活融合為一的。

〈佛經修持法〉是要使我們生活中的正見即是佛經所現的正見：生活中所有的行事，都是由這正見所指導的正確業行，我們的心意識當中的所有思惟，所有觀行，都和經典相應；乃至於現證到我們所生活的世界，就是整個佛經的世界，而我們的身口意，與宣講經主的身口意都融合為一。

這樣的宣說，基本上是期望大家能把佛經實現在生活之中；亦即我們生活在佛經之中，而佛經活在我們之中。如此現起的世界，也就是經中的清淨世界。這才是真正佛經的修持法，也才是真正的轉經。如果只是讀誦佛經，縱使讀誦幾千萬遍的經文，佛經還是佛經，生活還是生活，這兩者還是有所分別的。

理想的佛法實現，是直接實現經論的世界，直接使這個世界成為佛經的淨土，一切人都是現前佛菩薩，一切語皆是佛語，一切行皆是佛行，而幻化空花的佛事，就是如幻的莊嚴現前。只要我們有深切的體認，願意精進不懈的實踐，定能達成佛經淨土的世界，而現在就是開始。

如何修持心經──序

《心經》是一部教導我們，如何遠離一切苦厄，乃至迅速成證無上菩提的經典。

《心經》是一部大眾耳熟能詳的經典，而且經文非常的短，只有二百六十字。雖然很多人都會背誦，但是恐怕大多數人實在很難清楚的理解其中深奧的內義。《心經》的內容是龐大的般若經典的濃縮精華。

在《心經》中的「心」是指精髓、心要，此經乃是全部般若經典的中心，認識此經，便可認識全部般若聖典，雖然只有兩百多字，卻能總持一切，是六百卷大般若的核心重要經典，所以名之為《心經》。

《心經》既是般若經典的核心，也是幫助一切眾生離苦得樂，乃至迅疾成就佛道的經典。因此，如何正確的讀誦、思惟乃至修持《心經》，就成為佛教修行者的重要課題。

因此，「如何修持心經」就是希望大家投入《心經》之中，不只是讀、誦、聞、思佛經而已，而是以《心經》的智慧為智慧，以《心經》的觀點為生活，並實踐「心經即生活」、「生活即心經」，以《心經》來圓滿成就無上的佛道。

一般人讀誦佛經的時候，通常都只是讀誦而已。而如何修持《心經》，更希望將《心經》的內容變成實踐實修的法門；讓每個人依著《心經》，從見地上的建立到道地上的相續修證，最後證入《心經》所描述的圓滿果地。

所以，「如何修持心經」，是要使我們生活中的正見即是《心經》所現的正見；我們生活中所有的行事，就是由這正見所指導的正確淨行，我們的心意識當中的所有思惟，所有觀行，都和經典相應；乃至於現證到我們所生活的世界，就是整個《心經》的世界。

本書不只希望大家能了解《心經》、體悟《心經》，更重要的是將《心經》實踐在我們當下的生活當中，使我們真實的遠離一切苦厄、實踐菩提大行，乃至成證無上的佛果。

期盼大家能共同修持《心經》，獲得無上的智慧，能如同觀自在菩薩一般，成為智慧與慈悲的大自在者，乃至以甚深般若證得無上的佛果。

心經

觀自在菩薩，行深般若波羅蜜多時，照見五蘊皆空，度一切苦厄。

舍利子，色不異空，空不異色；色即是空，空即是色。

受、想、行、識，亦復如是。

舍利子！是諸法空相：不生、不滅、不垢、不淨、不增、不減。

是故空中無色，無受、想、行、識；無眼、耳、鼻、舌、身、意；無色、聲、香、味、觸、法；無眼界，乃至無意識界；無無明，亦無無明盡，乃至無老死，亦無老死盡；無苦、集、滅、道，無智亦無得。

以無所得故，菩提薩埵依般若波羅蜜多故，心無罣礙，無罣礙故，無有恐怖，遠離顛倒夢想，究竟涅槃。

三世諸佛，依般若波羅蜜多故，得阿耨多羅三藐三菩提。故知般若波羅蜜多，是大神咒，是大明咒，是無上咒，是無等等咒，能除一切苦，眞實不虛。

故說般若波羅蜜多咒即說咒曰：

揭諦揭諦　波羅揭諦　波羅僧揭諦　菩提薩婆訶

白話語譯

・聖觀自在菩薩正在實踐著圓滿至深智慧到達解脫彼岸的妙行。當下覺照到色身、感受、思想、心行、意識等五種生命身心現象的存有都是現空的，因此超越度脫了一切的苦厄。

・舍利子啊！所有生命色身的現象都是空的，而空性正是生命色身的存有狀態。因此，色身不異於空，空也不異於色身；色身即是空，而空即是色身自身。同時生命其餘的感受、思想、心行、意識等四種精神現象，也與色身的存在情形完全相同，都是空性的。

・舍利子啊！這一切諸法存有都是空的相狀。是不生、不滅，沒有染垢、沒有清淨，沒有增加、也沒有減少的。

• 所以，在空的狀態中，沒有色身現象的存有，也沒有感受、思想、心行與意識等精神現象的存在；沒有眼、耳、鼻、舌、身、意等六根作用的主體，也沒有色、聲、香、味、觸、法等六塵外境現象的存在；沒有眼界，乃至沒有意識界等現象本質；沒有無明，也沒有無明的滅盡；乃至沒有老死，也沒有老死的滅盡；

沒有苦、沒有苦的集聚原因、沒有苦的滅盡、也沒有滅除痛苦的實踐之道。

因此，沒有能知的智慧，也沒有所能得悟的對象。

• 因為沒有任何所得的緣故，

菩提薩埵依著智慧圓滿到達彼岸的作用，

內心沒有任何的罣礙，

因為沒有任何罣礙的緣故，所以也沒有任何的恐懼怖畏，

遠離超越了一切虛幻不實的顛倒夢想，

而證入圓滿究竟的涅槃境界。

• 而過去、現在、未來的三世諸佛，
依於智慧圓滿到達彼岸的作用，
得證了究竟無上平等圓滿的正等正覺。

• 所以，應當了知：智慧圓滿到達彼岸的般若波羅蜜多，
是偉大神妙的咒語、是大智慧的咒語、是無上的咒語、是超越一切無可比擬的咒語；
能除盡一切的痛苦，是完全真實而不虛妄的。

• 所以，宣說般若波羅蜜多咒，即是宣說咒語為：「
去吧！去吧！到彼岸去吧！
完全到達彼岸去吧！
覺悟吧！謹願成就！」
（註：「彼岸」是指超越生死、煩惱的涅槃境界。）

第1章 閱讀、心經

心經

《心經》是一部大眾耳熟能詳的經典，經文非常的簡短，只有二百六十字，幾乎很多人都會背誦，只是恐怕很多人未能理解其中的深奧內義。因為《心經》的內容是龐大的般若經典①的濃縮精華，《心經》充分表現了般若經典的觀念與精神，文字非常精簡，實在很難理解其中的深義。

《心經》其實是略稱，他的全名為《摩訶般若波羅蜜多心經》，或稱為《般若波羅蜜多心經》，或是《般若心經》。簡單的說，這部經典就是讓我們直接掌握摩訶般若波羅蜜多心髓的經典。這部經典最重要的宗旨就是以般若波羅蜜多來度脫一切苦厄；也就是解脫苦厄到達彼岸的智慧。

◆宣講心經的地點

在唐朝法月所譯的《般若波羅蜜多心經》中記載：「如是我聞，一時佛在王舍城耆闍崛山中，與大比丘眾及菩薩眾俱。」本經描寫出佛陀在靈鷲山宣講，而大部份般若系的經典也都是在此山所宣講的。

耆闍崛山即是靈鷲山，位於王舍城東北，此山是佛教的第一聖山，佛陀在此宣講了無數宏偉的經典，如《法華經》、《楞嚴經》、《無量義經》、《阿彌陀經》等。

◆心經的系統

《般若心經》是般若系統裏面，文字最少的一部經。在中國《般若心經》的翻譯有很多的異本。到現在，我們所看見的古譯本大約九種，其中有兩種已經失佚了，

現代也有許多種譯本，像霍韜晦先生有翻譯，台大葉阿月教授也有翻譯，還有西藏有幾種不同的《心經》翻譯成漢文。

《心經》的版本非常多，目前我們普遍閱讀的《心經》版本，是玄奘大師所翻譯的版本，在中國的《心經》翻譯系統中，最主要有兩大系統，第一個是屬於略本的系統，另一個是屬於廣本的系統。

所謂略本的系統，是指只有「正宗分」的部分，正宗分是指正文，而廣本的系統除了正宗分之外，還有敘分和流通分二個部分，三者合為一完整的經典模式。用白話文說是：序論、正文與結論三個部分。所以，廣本是三者皆有，而略本只有正文的部分。

註釋

①般若經典

泛指各種〈般若〉經典，其中以玄奘所翻譯《大般若般羅蜜多經》為代表。

《心經》的主要版本

《心經》在中國前後譯出多次，現在可讀到的尚有九種。從篇幅上分為廣、略兩系，略本僅有正宗分，而缺序分及流通分，廣本則三分齊全。茲列如下：

一、略本系：

1 後秦鳩摩羅什譯《摩訶般若波羅蜜咒經》

2 唐玄奘譯《般若波羅蜜多心經》

3 唐義淨譯《佛說般若波羅蜜多心經》

二、廣本系：

4 唐法月譯《般若波羅蜜多心經》

5 唐法月重譯《普遍智藏般若波羅蜜多心經》

6 唐般若、利言共譯《般若波羅蜜多心經》

7 唐智慧輪譯《般若波羅蜜多心經》

8 唐法成譯《般若波羅蜜多心經》

9 宋施護譯《佛說聖佛母般若波羅蜜多經》

佛陀在靈鷲山宣講心經

心的意義

「心」有很多種的意思，「心」是梵語質多（citta）的意譯，為集起之義。「質多」本來是諸識的通名，然而唯識家常以質多為第八識的別名。在《俱舍論光記》釋中明確記載：「梵名質多，此云心，是集起義，謂由心力集起心所及事業等故。」

一般「心」所指的是人體的心臟，引申有精髓的意思，亦有祕密的意思。梵語譯為「汗栗馱」（hrdaya）是指身體內的心臟。因為在密教中，教導我們開發顯現自己本具的佛性，是以觀想凡夫的汗栗馱

（肉團心）為八葉蓮華，所以稱「汗栗馱」為眾生的自性真實之心。

而在《心經》中的「心」則是指精髓、心要之義，因為此經乃是全部般若經典的中心，當我們認識體解《心經》，便可認識全部般若聖典，雖然只有兩百多字，卻能總持一切，是六百卷大般若的中心重要經典，所以名之為《心經》。

我們以《心經》做精髓，深刻的體會它，以其為根本，再擴大、統攝到一切的般若經系，以此觀點來認知《般若心經》的地位比較好。

但是，在此要釐清一個觀念，不要以為讀了一本《心經》，就已經通達般若的教法，因為此經既然定名為《般若波羅蜜多心經》，就絕對不是思惟的東西。所謂「般若」，是遠離了思惟，卻能應用思惟，如果能夠這樣體悟，就已經踏入《心經》之門。

◆修持《心經》的方式

修持佛經有很多的方式，大致可分為：書寫、供養、轉贈施與、聽聞、讀閱、受持、開示、諷誦、思惟、修習。

傳統佛教徒常做的是供養，如拜經，或建立藏經閣將佛經供養起來，這樣的功德很大，因為佛經代表佛陀的法身舍利，所以供養佛經就如同供養佛陀的法身舍利。此外，一般常見的還有讀誦佛經，常以早晚課誦的方式來進行，其中也有背誦的方式，這也很好。還有抄寫佛經的方式，或印經來布施，這是屬於法布施的一種，意義也很重大。

以這些方式來修持《心經》固然很好，但是實施起來，感覺《心經》與我們的隔閡仍然很大，《心經》仍是心經，生活是生活，只是把《心經》當做是課誦的對象，一天之中有早晚課時才與《心經》有點關係，其他時間就回到世間生活，《心經》是如此的高遠。

閱讀《心經》時，最基本是將經文的內容，從頭至尾貫穿文字的含意，很清楚瞭解文義的內容。由於《心經》只有二百六十字，非常的簡短，如果能將之背熟是再好不過了。

閱讀時，最好是能參與經典中的盛會，深入其境界中，而不是置身事外，如此，才能更深入了解《心經》的世界。

我們不僅要深刻瞭解《心經》的深意，更要依《心經》的見地來生活，將《心經》應用到生活的每一部分，實踐《心經》所描述的生活，如此才能徹底實踐《心經》的生活。

有人會認為：「我是修學佛法的人，除了早晚課之外，我都常常與人交涉，雜務太多了。」認為自己在世間是在做雜行，這是自心中有真俗二諦的對待的想法。其實，我們直接將《心經》實踐於生活中，將生活的境界昇華，那麼我們所做所行都是《心經》的生活。

◆修持心經的三個層次

一般而言，我們修持《心經》時，可分為三個層次：從文字般若到觀照般若，最後是實相般若。

一、文字般若

文字般若就是對《心經》文字的了知，要能貫穿文字含意，從頭到尾弄清楚。也可以將《心經》的文字內容背熟；然後，把《心經》裏的見地清楚地鞏固出來，即以三法印為核心，再依《心經》的特殊緣起、特殊對象而產生特殊見地。辨別清楚之後再將見地消化，變成修持《心經》的正見，不只是記憶，還要清楚明白了知，最後一點都不懷疑，並且用此正見思惟，運用在日常生活中實踐。

二、觀照般若

觀照般若是把修行的果地（果位，即最圓滿的境界）統攝起來，與生活相應。到最後我們的心意、行為乃至語言文辭一出口，皆不離佛經裏的境界，我們的生活形象，就像在電影裏演戲一樣，它是如幻的，雖然演得真、演得切，心卻不會被外境所轉動。

如果能真實了悟《心經》，我們的生命就是在轉動《心經》；如果不能體悟《心經》，生命就是被輪迴的眾相所迷惑。所以在生活中，用心觀照《心經》，就參與了《心經》，使我們每天的生活，都如同清楚地扮演《心經》裏的人物，這就是《心經》的觀照般若。

三、實相般若

由觀照般若到最後三昧境界現前，就變成了「實相般若」，此時不只是了悟而已，而是現觀一切皆空、如幻，不必經過意想分別，就是這樣如實的境界。

以上是「文字般若」、「觀照般若」、「實相般若」三個層次。

◆生活化的心經

在佛經中，我們常會讀到所謂「依教奉行」這句話，也就是依持佛陀的教言，來修持，就是將我們整個生活依隨著諸佛所行過的軌跡前去。

當我們修學《心經》時，《心經》就像我們的眼睛，指引著我們，將我們的生活《心經》化，把我們的身體、語言、心意清淨化，觀音菩薩的身體、語言、心意，就是我們的身體、語言、心意。不只如此，也把我們所生活的世界及因緣，整個變成淨業，整個空間淨土化。

其實，佛菩薩所欣喜的事情，並不是聽我們每天讀誦佛經給他們聽，而是看到我們證得與他們同樣的境界。好比《法華經》所說：「諸佛以一大事因緣出現於世，開示悟入眾生佛之知見。」

其實每一部經典都是要開示悟入眾生佛的知見，依著《心經》修持，就是讓大家廿四小時都追隨著諸佛菩薩的腳步，親切地在《心經》中生活。影響所及，不只是我們自己更親近諸佛菩薩、甚至影響週遭的朋友、整個生活團體，都與諸佛菩薩產生相應，這是對與我們有緣的眾生及對這國土的報恩，就是所謂「上報四重恩」：四重恩是指三寶恩、國土恩、父母恩、眾生恩，這種功德比供養或做法事更有意義，因為我們已直觀人間為淨土。

真正究竟的「心經修持法」就是投入《心經》、依教奉行。於初始時，我們就學習與勝會中開法者的生活，這就是佛、法、僧三寶裏面的「僧寶」，依法奉行，最後可以得證《心經》的法門。成就佛境之後，還要回到人間，幫助眾生成就，圓滿「佛境菩薩行」。

所以，修持《心經》，不是別立於生活之外的修行生活。雖然在山上閉關修行是一種很好的修行生活，如果時間、因緣條件具足，它可以摒棄生活的雜緣與障礙，可以更加專一修持；但如果現在沒有時間、因緣條件不具足，卻硬要去山上閉關，那就成了違緣，對修行反而造成障礙。

實際上，在人間修行，生活的每一部分都可以轉化成功德事業，都可以與佛法相契的，所謂「一花一世界、一葉一如來」，我們的眼睛、耳朵、鼻子、舌頭、身體、意識所接觸到的，都是可以成為入定的經驗，每一法句都是發人深省的，所看到的一切都是佛的法身，我們生活在其中多麼愉快！這就是普門的境界。

我們修持《心經》，依《心經》來生活，卻不必捨棄原來生活的路，就已走向成佛之道了，這才是佛法實證的地方。佛法不是要強硬改變我們這一生的因緣，去另外造一條路，而是轉化清淨我們的每一個心念，將修行落實在實際的生活當中。

人生就是修行之旅，其實佛陀早就告訴我們了，只是我們還不瞭解罷了。現在我們知道了，就要生活在佛經之中，佛經就是我們的生活內容了，我們的一生就是一部經，就記錄在一部經之中，依各人因緣差別而有所不同。

以《心經》的智慧為智慧，《心經》的生活為生活，來實踐《心經》的生涯，不再只是讀誦《心經》而已，讓我們的生活成為二十四小時的《心經》生活，一生都是《心經》的實踐者。

觀自在菩薩，
行深般若波羅蜜多時，
照見五蘊皆空，
度一切苦厄。

聖觀自在菩薩正在實踐著圓滿至深智慧到達解脫彼岸的妙行。當下覺照到色身、感受、思想、心行、意識等五行生命身心現象的存有都是現空的，因此超越度脫了一切苦厄。

觀自在菩薩

◆觀自在菩薩的代表意義

「觀自在菩薩」在《心經》中具有兩個意義，一個是代表說法者，一個是行法者，他也可能同時是說法者和行法者。

有些經典認為本經的說法主是釋迦牟尼佛，如果此說法成立，那麼，觀自在菩薩是最主要的一位行法者；如果說觀自在菩薩是法主，那麼他也就是說法的人，無論如何，我們則可以總稱為行人。

但是就「觀自在菩薩」自身而言，他本身代表兩個意義，第一個意義，他是觀世音菩薩；另一個意義是能夠成就觀自在的菩薩。在這個觀點下，我們可以視自己為觀自在菩薩，觀自在菩薩是我們要修行成就的對象。

觀自在菩薩的梵文全名是 Āryāvalokiteśvara bodhisattva，由 ārya（聖）．avalokita（觀）．īśvara（自在）．bodhisattva（菩薩）四字合成。大譯師鳩摩羅什①將之翻譯為觀世音菩薩，這可能是因為觀世音的古名是 Āralokiteśvara。

關於觀音菩薩的名號在《注維摩詰經》卷一中曾列舉鳩羅摩什的說法，認為「世有危難，稱名自歸，菩薩觀其音聲即得解脫也。亦名觀世念，亦名觀自在也。」所以鳩摩羅什認為「觀世音」有「觀自在」的意義存在。

觀世音菩薩，是大乘佛教中，顯現大悲菩提心②、拔除一切有情苦難的偉大菩薩，以慈悲救濟眾生為本願，代表一切諸佛悲心的總集。在中國歷史上，觀音菩薩秉持著循聲救苦的悲願，不斷的示現救度有情眾生。《法華經》記載：「眾生被困厄，無量苦逼身，觀音妙智力，能救世間苦」。

觀音菩薩廣為眾生的依怙，能以種種威力方便，拔濟眾生的種種恐怖畏懼，施以安慰，使我們不生起畏懼恐怖，在《法華經》〈普門品〉中記載：「是觀世音菩薩摩訶薩，於怖畏急難之中能施無畏，是故此娑婆世界皆號之爲施無畏者。」所以觀音菩薩是為施無畏者。

又《千手千眼大悲心陀羅尼經》中說：「觀世音菩薩，不可思議威神之力；已於過去無量劫中，已作佛竟，號正法明如來。大悲願力，安樂眾生故，現作菩薩。」

心經的說法者與行法者：
觀自在菩薩（大正藏　八大菩薩像）

觀世音菩薩早已成正等正覺，佛號「正法明如來」，但是，為了濟度一切眾生，所以倒駕慈航，示現菩薩的樣貌來救度眾生。

在釋迦牟尼佛的時代，觀世音菩薩曾為佛陀座下的苦行弟子。而在極樂世界中，觀音與大勢至菩薩同為阿彌陀佛的兩[七二]侍，他們輔佐阿彌陀佛，一同在極樂世界教化眾生。

在《悲華經》中記載，將來西方極樂世界阿彌陀佛涅槃之後，觀世音菩薩將為補佛處[3]，號為「一切光明功德山如來」。其淨土名為「一切珍寶所成就世界」，其淨土世界比起極樂世界更為莊嚴微妙。

大悲救度是觀音菩薩的主要德行，然而蘊藏在大悲的背後，當然是無邊的大智，所以智慧的經典《心經》的主角即為觀世音菩薩。

在很多的經典中，菩薩的名字都是與其經典主旨相配合的，如阿彌陀佛與《觀無量壽經》，「阿彌陀」即「無量壽」之意，以這樣的觀點來看，《心經》的主角即是觀自在菩薩。而且，「觀自在菩薩」這個聖號，特別在《心經》中出現，其實，這是依菩薩修證的功夫所建立的名號。

阿彌陀佛三尊，右為觀世音菩薩，左為大勢至菩薩

根據《楞嚴經》所記述，觀世音菩薩在因地修行的時候，用般若殊妙觀察的智慧，深入耳根的法門，思維修習，入於三摩地④，所以能夠聽聞音聲，而不被音聲所執著，而且能夠聽聞世間一切音聲，而不會生起妄想分別，並且能夠反轉聽聞自性，不被音聲境界所轉動，而證得耳根圓通⑤的法門，所以稱他為觀世音。

依《法華經》記載，觀世音菩薩以大悲心為其特德，所以當世間一切眾生遇到災難的時候，只要能夠專一心思來稱念觀世音菩薩的聖號，菩薩便會尋聲救護，有求必應，拔除苦痛。所以稱為觀世音菩薩。

《法華經》〈普門品〉原文敘述著：「**若有無量百千萬億眾生，受諸苦惱，聞是觀世音菩薩，一心稱名，觀世音菩薩即時觀其音聲，皆得解脫。**」此外，觀世音菩薩為了救濟眾生現三十三應身。應以聲聞身得度者，即現聲聞而為說法，乃至將軍、小王、長者、居士、宰官、比丘、比丘尼、婦女、童男、童女等得度者，即現其身而為說法，這些皆為觀音的應化身。另有：三十三觀音，印度有三十三處觀音靈場，或三十三間佛堂，或塑三丈三尺的觀音像，身長表現的數字，都是基於三十三應化身。

因此「觀自在菩薩」不一定是指補怛落迦山⑥的觀世音菩薩，而是般若觀察智慧已得自在的菩薩。菩薩是依其特德而立名的，所以具有某種特殊功德，即以其功德為名。在《華嚴經》中每有若干同名號的菩薩，也就是因為如此。因此，具有「觀自在」的功德，就可以稱為觀自在菩薩，這是廣義的看法。

觀自在菩薩可以說是《心經》的說法者，也是行法者，因為他是實踐「觀自在」的菩薩，所以，廣義的說，當修行者實踐「觀自在」時，亦可稱為觀自在菩薩。

「菩薩」二字是梵語，全稱為菩提薩埵，「菩提」意譯為覺悟，即是對於事理能如實明白，通徹了知人生的真義，由此邁向人生的圓滿究竟境界努力。這不是世間知識所能了知，唯有般若智慧才能究竟明晰洞見。佛陀是最高覺悟者，菩薩即以佛的大覺為理想的追求者。

「薩埵」則譯為有情，合稱為覺有情（有情就是眾生）。因此菩薩是追求覺悟的有情，是自覺覺他。所以上求佛道、下化有情，就是「覺有情」的目的和理想。

◈學習觀自在菩薩

我們學習身兼三種身：說法者、受法者、實踐者的觀自在菩薩。生活中所遇到的任何事情，都要心想自己是觀自在菩薩，而以觀自在菩薩的思惟來面對處理任何事情。

學習觀自在菩薩的行徑，把自己當做觀自在菩薩，是修學中的觀自在菩薩，像學徒一般慢慢地學習。

當我們讀誦《心經》時，我們的心就是觀自在菩薩。當我們在生活中遇到困難時，心想自己就是觀自在菩薩，思惟著觀自在菩薩如何處理此事，以此方式來處理事情，你會發覺生活都不一樣了。

註釋

①鳩摩羅什

中國四大譯經家之一。羅什先後譯出《中論》、《百論》、《十二門論》（以上合稱三論）、《般若經》、《法華經》、《大智度論》、《阿彌陀經》、《維摩詰經》、《十誦律》等經論，有系統地介紹龍樹中觀學派的學說。

②菩提心

全稱為阿耨多羅三藐三菩提心，又作無上菩提心，即是求取無上菩提的心。菩提心為一切諸佛的種子，淨法長養的良田，若發起此心來勤行精進，當得速成無上菩提。

③補佛處

補佛處亦稱為「一生補處」是指菩薩階位的最高位，即等覺位。其義是因為經過此生的繫縛結束之後，即可補佛位之處。

④三摩地

又稱為三昧或是正定，是平等持心，使內心保持平衡不動的狀態。

⑤耳根圓通

觀音菩薩在《楞嚴經》中宣說他所修學的是耳根圓通法門。那時觀音菩薩是在一位名號亦是觀世音的如來座下發菩提心的，耳根圓通法門就是觀世音如來教導觀音菩薩的。

⑥補怛落迦山

補怛落迦山又稱為補陀洛山，自古以來是觀音菩薩淨土，根據玄奘的說法，補陀洛是南印度哥摩林（Comorin）岬附近，秣剌耶山東方一座巖谷崎傾的山。久遠以來即為印度國內外人們所崇拜。

行深般若波羅蜜多時

「行深般若波羅蜜多時」，是觀自在菩薩所修持的法門。「深」字是玄奘大師翻譯時，特別用來表達時態的用詞，是代表現在進行且完成，以「深」字來表達智慧已經到彼岸。

所以，「行深般若波羅蜜多」，並不是在指正行般若波羅蜜多，而是已完成了般若波羅蜜多。

智慧的種類

「般若」梵文**prajña**，其意思為智慧。

智（**jñāna, ñāna**）分為很多層次的智，但是在此主要用來形容開悟的智慧。

慧是廣義的智慧。根據論典的記載，「慧」含有善、惡、無記①等一切知性的作用，其中包含了有漏②凡夫的劣慧到無漏③聖者的最高智慧。

「智波羅蜜」所指的，就是十地菩薩④所達到的智慧。

常聽到的「五智」，是菩薩開悟所達到的智慧，五智是指成所作智、妙觀察智、平等性智、大圓鏡智與法界體性智等五智。

而三智是指：一切智、道種智、一切種智（一切智智），分別是二乘（聲聞、緣覺）、菩薩、佛的智慧，都是屬於悟的智慧。

而「智」有時與「慧」同意義，也有將有漏的「慧」稱為「智」。

又，智慧可分為「有分別智」及「無分別智」（根本智）二種。

有分別智，是指「智慧」意識到「對象」，並且與所意識到的對象產生分別對立的情形。

無分別智，是指「智慧」沒有意識到與對象分別的情形，而且意識與對象合而為一體，這就是最高證悟的智慧。「無分別智」可以指《心經》中的「色即是空」中「空」的智慧，也就是根本智，亦是《大智度論》所指的三智中的「一切智」。

「般若」則被認為是最高的智慧。如果再加上「波羅蜜」（pāramitā）最高完全的用語，則成為最高完全智慧之義的般若波羅蜜。

◈般若的分類

般若的分類有「三種般若」、「五種般若」的看法。

三種般若

三種般若是指實相般若、觀照般若、文字般若。《大乘義章》卷十依據《大智度論》的論點，建立三種般若義，即：

㈠文字般若：文字雖非般若，但是為了詮解般若的方便，又能生起般若，所以稱為文字般若。即指諸部般若經典。

㈡觀照般若：以智慧之心鑒別明達的作用，其體性即為般若，所以稱為觀照般若。

㈢實相般若：為觀照所知的境界，其體性雖然不是般若，但是能夠生起般若，所以稱為實相般若。

三般若中，文字般若與觀照般若二者為般若的方法，實相般若則為般若之體。根據《碧巖錄》第九十六記載，實相般若即為真智，觀照般若即為真境，文字般若即為能詮的文字。又此三般若再加上境界般若、眷屬般若，則稱為五種般若。

五種般若

依據《般若心經疏》、《般若心經幽贊》卷上所記載，五種般若即：

㈠實相般若：指真如之理。此理為般若的實性，所以為實相般若。

㈡觀照般若：指清淨無漏的智慧。此知識能照見諸法實相，悉皆為空寂，所以稱為觀照般若。

㈢文字般若：指般若的章句。語言文字能詮釋般若之理，其性空寂，所以稱為文字般若。

的眷屬，所以稱為眷屬般若。

㈣眷屬般若：指六度萬行。六度萬行與妙慧相應，而能成就般若，為觀照慧性的眷屬，所以稱為眷屬般若。

㈤境界般若：指一切諸法。諸法為般若真智的境界，境界沒有自相、由智慧顯發，所以稱為境界般若。

◈波羅蜜多

「波羅蜜多」（Pāramitā）為梵語，中文意譯為「到彼岸」，或「度」。所謂到彼岸，是比喻人生為大海河川，從目前的此岸，到達理想境界的涅槃彼岸；對於大乘的菩薩行者而言，不僅自己要達到理想的彼岸，並且幫助一切眾生也能達到理想的彼岸。

而波羅蜜多的內容種類，是布施、持戒、忍辱、精進、禪定、智慧等六種波羅蜜。乘此六種波羅蜜的寶筏，即能達到涅槃的彼岸。

般若是生命中透徹圓滿的真實智慧，般若波羅蜜是可以透過聽聞、思維、修行乃至現證真實的般若智慧，而且可以將之應用到自己的專業領域，這也是我們將佛法實踐在現代生活的最大契機。

◆學習解脫的妙行

我們是一位要行深般若波羅蜜多的觀自在菩薩，要學習實踐圓滿至深智慧到達解脫彼岸的妙行。

這妙行就是實踐般若波羅蜜多，波羅蜜的內容是表示六種波羅蜜，即是般若、禪定、精進、忍辱、持戒、布施。

六波羅蜜又分為方便波羅蜜及般若波羅蜜二個種類，布施、持戒、忍辱、精進、禪定等為五波羅蜜，是有分別後得智的作用，所以又稱方便波羅蜜。

方便是基於分別後得智的慈悲活動，般若基於無分別智的智慧活動。前者可是下化眾生的大悲，後者為上求無上菩提的大智，而具備此大智、大悲的智慧活動，即是佛教根本的中心。

以下分別說明五波羅蜜的內容：

禪定波羅蜜

禪定是消除煩惱妄想，讓我們產生智慧的根本修持方法。在現代的生活中，如果我們能夠將心安住，不受外境干擾，所以能夠抉擇正確的資訊，做正確的決定，進而提昇我們的生命知識。

精進波羅蜜

精進是永不終止的在生命道上奮力增上，在生命圓滿的過程中，我們安住吉祥喜樂當中，也不斷以吉祥喜樂的心，增長自己的身心智慧，並濟助其他的生命。

忍辱波羅蜜

忍辱是生命進化的原動力，是我們增長幸福圓滿的資糧。忍辱是觀照並明瞭一切不如理，不如實的現象，並且不受到干擾，而且不會以壓抑或自認為「犧牲」的心態來面對，而應觀照了知其中的因緣，在這樣的因緣中，正是消業增福的契機。

持戒波羅蜜

持戒運用在現代生活中，是自我身心的生活規範，能使我們在生命的增長過程當中，免除不必要的障礙。持戒先要自己安心、安身，而後安人。所以，不要製造擾動自己身、心的因緣，也不要對他人產生紛擾，一心遵守成就菩提大道的規範而行。

布施波羅蜜

布施永遠是雙向的，布施是給予他人安心、智慧、財物，也就是同時施予自己悲心、歡樂、功德。所以在現代社會中，不管個人或企業都可行布施，使福德增生不已。

學習解脫的妙行，也就是實踐六種波羅蜜。然後思惟五蘊皆空的道理，精勤練習到達當下觀照五蘊皆空的境界，因此而能夠將苦難消融而度脫一切苦厄。

註釋

①無記

佛典將一切分為善、不善、無記三性，無記是指事物之性不可判定為善或不善者。

②有漏

漏是漏泄的意思，指煩惱，有煩惱之法稱為有漏。

③無漏

遠離煩惱染垢的清淨之法稱為無漏。

④十地菩薩

地是住處，所以十地有時譯為十住或十住地，十地是菩薩階位的最後一地，稱為「法雲地」，此地菩薩逐漸趨向佛境，又稱為「受職位」。

照見五蘊皆空

「照見五蘊皆空」是如實觀照到五蘊，是觀照生命的種種現象都是變化無常的，而能夠容受一切變化無常的現象即是空的狀態，由此體解種種的生命現象都是處於空性的狀態中。

「五蘊」是泛指一切的物質與精神，佛法中即歸納有情的身心質素為五蘊——色蘊、受蘊、想蘊、行蘊、識蘊。五蘊亦稱為五陰，「蘊」有積聚的意思，即是同類相聚。五蘊大致可分為兩部分：一為物質，二為精神。

第一類是指物質的部分，如山河大地、宇宙萬物的存在，都屬於這個範圍，也就是五蘊中的色蘊。

佛法中所說的「色」，是有變壞、質礙的定義。佔有一定的空間，而且會變壞者，皆稱之為色。所謂變壞，就是變化性，亦即質礙、變礙諸法的類聚。在狹義方面，就是指肉體。

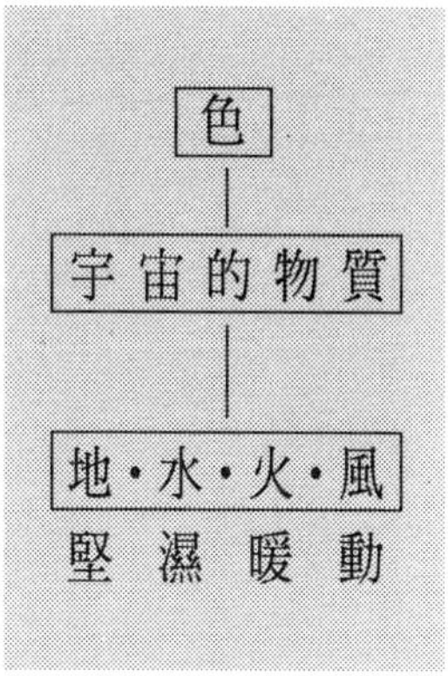

色
宇宙的物質
地・水・火・風
堅 濕 暖 動

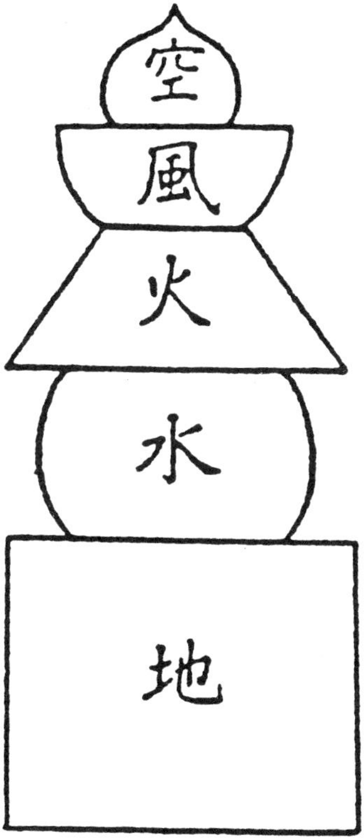

空
風
火
水
地

代表五大元素：地水火風空的五輪塔

色蘊是依地、水、火、風四大要素所構成。這地、水、火、風，是指我們眼睛所見到的現象，如土地、雨水、燈火，或空中的風。地的特性是堅固性，水的特性是潮濕性，火的特性是溫暖性，風的特性是流動性，這些現象都是諸法形成的原動力和要素。

第二類是指內在的精神活動，其又可分為三種：

1.「受」是「領納」的意思，屬於情緒作用。無論是顯色、形色，乃至音聲等引起的反應，使精神上發生痛苦、喜樂等知覺的感受作用。

2.「想」是「取像」，即認識作用。由心攝取外境的意象而形成心的意象，由此作用而構成概念，進而安立語言系統或認識系統。

3.「行」是「作」的意思，主要是意志作用，對外境生起心想，經由心識的考慮決斷，賦予身心的行動。

受、想、行三者以心理學名詞來說，受與感情的作用相似，想與觀念的作用相似，行與意志（行）作用相似。

在反省觀察中可以發覺微細的作用，能明了識別這森羅萬象（色、受、想、行）

是「識」的作用。識蘊即是眼識等諸識的各類聚。

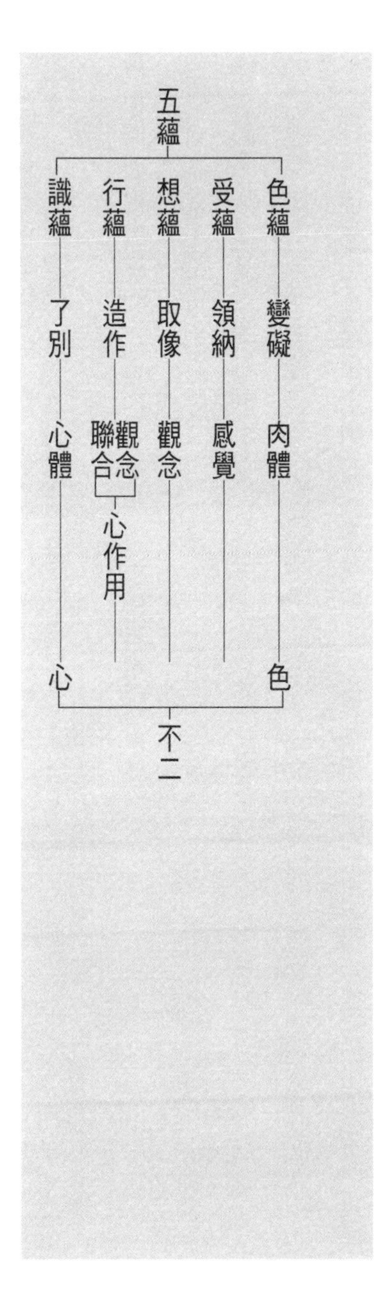

當我們讀誦「五蘊皆空」時，恐怕很容易將它當作佛學用語，變成一種知識性質的認知。我們可以看看在原始佛教[1]中，是如何看待五蘊的。

在原始佛教《雜阿含經》中悟道的方法，有依於五蘊做正思惟而悟道的經文紀錄，甚至成為《雜阿含經》中的重要一部分——五陰誦。

因此，「五蘊皆空」雖是很簡單的方法，卻能悟道，是佛弟子所重視的。透過以下的體解，我們來真正體受一下「五蘊皆空」。

◆觀照五蘊皆空

其實當我們在實踐六波羅蜜時，我們的身心馬上會產生一個現象，就是我們會觀察到自己的身、心都是空的。當我們感受到身體是空時，受、想、行、識當然也是空的。如果沒有此覺受現象，我們可以經由練習而了知，而不是一個籠統的五蘊皆空的觀念，這句經文也可做為練習觀照五蘊皆空的方法。

照見五蘊皆空

觀照自己的色身、感受、思想、心行、意識等五種生命的身心現象，不論生理現象與心理現象的存有都是現空，連潛意識都是空的。

思惟五蘊皆空

如果無法當下覺照到現空，那麼，先思惟「五蘊皆空」的見地。

思惟什麼是「色蘊」？什麼是「空」？

將所了解的五蘊與我們的心產生結合，將此見地內化成為心的內容，從自心真實地去感受。

深刻體悟五蘊皆空

「色蘊是空」是要深刻體悟現前境界的顯現變化，這就是無常，即是「空」。如果我們把無常的現前境界當作是一種常相，而認為它理所當然、本來就是這樣，這樣的想法與態度是無法真正體會空、無常的。

或許我們了知空、無常的義理，但是我們卻從來不用它來思惟，來改變我們內在的思惟架構，這也是很可惜的。

「空」就是蘊含著一切無常變化的可能性，蘊藏著我們是由緣起所構成的。它不是我們所能造作完全控制的。不僅是我們身體的這個色蘊是如此，連我們的受、想、行、識這四蘊也都是空的。

我們肉身的現象，甚至包括整個現前世間的現起，都是蘊含著變化，都是由相互的因緣所組成。當我們徹見這緣起所組成的蘊含變化，而不會隨著這緣起現起的相所轉時，我們即是現見無常，消融了對自我的執著，現證無我的境界，這就是達到解脫寂靜的境界，亦即涅槃寂靜。那麼，我們即是現證諸法現空的境界。也就是現證佛法的根本——三法印。

◆當下觀照五蘊皆空

完成了般若波羅蜜多時，用這果地的境界來實踐時，照見五蘊皆空，而「照見」是當下觀照。當對自我身心的執著消失時，是對自我最大的利益。

其實「行深般若波羅蜜多」時，是沒有能照與所照的分別，在這境界當中，不是有一個「般若」的東西，而是行深波羅蜜多時，同時有覺照的動作；亦即般若波羅蜜多在運作時，同時照見五蘊皆空，這二者是同時一如的，也就是說在觀照的同時，就安住在般若波羅蜜多的境界當中。

但它看起來跟講起來似乎是分開的兩個動作，一是般若在觀照現空，一是觀照五蘊皆空，而這能觀是般若，所觀是五蘊，境界是現空。但其實它是統一的，只是用處不同而已，並不是有一個般若的東西存在。

透過以下的思惟分析，我們可以更清楚了知這樣境界。

假若有一個般若自性存在的話，請問般若是空或不空？

如果這假設存在的話，如何以般若觀般若呢？

以般若觀般若，是否要打破般若？

般若假設是一個自性存在的話，那麼以般若觀般若，最後還是一個空，那麼這樣一個般若是一個被觀破的對象，而這被觀破的對象，怎麼能觀破別人呢？這與理相違，所以，理應不是如此，而是現觀的般若，這現觀般若是「能觀」、「所觀」、「境界」三輪在當下都是體空的。

註釋

①原始佛教

又作早期佛教、初期佛教。一般係指相對於後來發展的大乘佛教之初期佛教而言；即自佛陀創立教團弘揚教理開始，至佛陀入滅後一百年（或兩百年）之間，教法一味、教團統一，尚未分裂為部派以前之時代。此一時期，教團較為統一，比丘持戒較嚴，基本上以乞食為生，傳播地區主要在印度恆河中游一帶。此一時代的經典，含有佛陀教說的最原始型態，為後來之大小乘佛教根本教理的基礎。

度一切苦厄

「度一切苦厄」是由於照見五蘊皆空的境界，如此體驗生命現象，所以能夠度脫一切逼迫身心的苦迫厄難。

一般而言，「苦」是泛指能逼迫身心的苦難。「厄」是災厄，指禍患險難。在佛經中則有「三苦」與「八苦」的說法。

三苦是指苦苦、壞苦、行苦。

苦苦：對不如意的對象感受其苦。

壞苦：對所愛者之毀壞感受其苦。

行苦：見世間一切無常而感受其苦。

八苦則是生老病死四苦，再加上愛別離苦、怨憎恚苦、求不得苦、五陰熾盛苦。

此外還有三災苦、八難苦、十苦、百苦，乃至無量諸苦。然而能讓我們感受這一切苦厄的終究是誰呢？這一切苦都是因為以自我為前提所引起。因而，若能照見五蘊皆空，放下一切，達到無我的境界時，則苦痛自然銷融。

由於覺照到一切生命現象都是現空的境界，自我的執著消失了，一切都全體放下，因此自身的苦難也自然消融了。我們自身的苦厄，在照見五蘊皆空時，已經完成了，所以，我們可以度一切眾生的苦厄，達成利他的境界。

舍利子！
色不異空，空不異色；
色即是空，空即是色。
受、想、行、識，
亦復如是。

舍利子啊！所有生命色身的現象都是空的，
而空性正是生命色身的存有狀態。
因此，色身不異於空，空也不異於色身；色
身即是空，而空即是色身自身。
同時生命其餘的感受、思想、心行、意識等
四種精神現象，
也與色身的存在情形完全相同，都是空性
的。

舍利子

佛陀在靈鷲山，欲暢說觀自在菩薩的甚深般若智慧，當然就對佛陀弟子中智慧第一的舍利弗而宣說，以舍利弗為受法者代表。廣義地說，受法者亦可指稱學習《心經》的我們。

舍利子是指舍利弗（梵文 Śāriputra）。因為舍利弗的母親叫舍利，所以亦稱他為舍利子。

舍利[1]其實是印度一種美眼鳥的名稱，由於舍利弗的母親的眼睛很像這種鳥，因

《心經》的說法者：釋迦牟尼佛

《心經》的受法者：舍利弗

此她的名字被稱為舍利，所以尊者舍利弗就得此名。

佛陀的十大弟子——智慧第一的舍利弗

舍利弗是王舍城迦羅臂拏伽村人，婆羅門種姓，父親提舍是有名的論師，母親舍利也是有名的學者。

據說舍利弗的母親懷孕的時候，忽然變得智慧過人，連當時婆羅門教中最負盛名的雄辯家——舍利弗的舅舅長爪梵志（就是後來皈依佛陀的摩訶俱稀羅），與她辯論，都辯不過舍利弗的母親，因此他們兄妹兩人都認為腹中的孩子，將來決不是一個尋常的人物。

舍利弗早年出家學道，是前闍耶吠羅胝子的弟子，後來皈依於佛陀座下，是佛陀的得力助手。佛陀最常安住的地點：祇樹給孤獨園，就是由他負責監修。

註釋

①舍利

舍利鳥全身黑色，只有頸部帶黃色，嘴赤，身形為雀的二倍大，如同鸜鵒能暗誦人語，性極伶俐。

色不異空，空不異色。

「色不異空」是指生命的肉身現象的體性和空並沒有分別；反過來「空不異色」，是空的存在和肉身現象也沒有分別。

「色」（rūpa）廣義而言指物質現象，包括地、水、火、風四大的物質元素，在這裏是承原始佛教以來的用法，指人的身體。

我們經由正確的認知，了知一切的色蘊都是由因緣的組合而成，是緣起的組合，它並不是常住不變，都不離於成、住、壞、空四種樣態，我們如理的思惟，而發覺

它是空的。所以「不異」可以說是一種思惟的過程，是一種見、聞、思的過程。

「色不異空」是要破除凡夫，對所有色蘊的貪愛執著。而「空不異色」則是要斷除聲聞、緣覺二乘聖者，對於真諦空性的貪愛執著。

所以凡夫從了知「色不異空」入手，可以悟入空性。因為，在悟入空性時，一切即現空。這時，行人須發起無上菩提心、具足悲心，否則恐進入於小乘的見地，一切諸色不異空寂。

接著，再將「色不異空」翻轉過來，即是「空不異色」，是為了使二乘聖者不要執著於空性中。

在「色不異空」中，所有的現象，根本上是空的。也就是說任何現象，不管是思惟，或是現見，都是空的，所以一切現象都會歸於寂滅。

但是寂滅對於二乘而言，變成沒有作用，而且無力，所以在這中間要斷除他們對於真諦空性想法的執著，因此，接著對於二乘者宣說「空不異色」。

色即是空，空即是色。

「色即是空，空即是色。」是正確思惟下的結果，在此不只是五蘊皆空，更進一步斷除所有的五蘊與空的差別。這樣的差別是遠離時間的，「即」字在此代表著沒有時間的現象，可以說是當下得證的境界。

慢慢地，我們就運用「色即是空，空即是色」來思想、反應，讓我們漸漸地熟悉這樣的模式，以《心經》的思維方式來思惟；遇到事情就以此方式來面對、思惟、處理。

當我們在見地上如實確立的時候，或許有一天，我們的心力足夠、福德因緣具足，在聽聞「色即是空」的時候，即能現證「色即是空」。

當我們現證「色即是空」，當下就悟得根本智慧。若是發心小的小乘因緣者，就立即成就阿羅漢。若為發心廣大的大乘菩薩根器，如果能馬上大悲生起，即能夠現起「空即是色」。這個時候，就有足夠的能量莊嚴淨土世界。

菩薩之所以能夠莊嚴淨土，幫助一切眾生成佛，都是由「空」來顯出的，從如幻中顯現不可思議的神通境界。

⊙色即是空，空即是色→證量功夫（果）。

色不異空，空不異色→（見修行）見地功夫、思惟功夫。

⊙色即是空→小乘→般若將入畢竟空。

空即是色→大乘，如幻→般若將出畢竟空。

在證到「空即是色」時，就已經證到八地菩薩的境界了，即具足大神通，有大作用，立即產生千百億[1]化身。這時候，我們過去所發的一切悲願，所相應的一切因緣，都會如同千江有水千江月般的現起，在剎那之間全部現起意生身[2]，往來於十方三世的一切世界中現身成就，教化一切眾生，而這一切因緣都在我們的一心中具足。

我們的心中是否有願景呢？在我們了悟「空即是色」時，跟我們的心願有因有緣的所有眾生，都會在心裏面投射出來；跟我們有因有緣的世界，我們都會在那裡化生現起。

而這個化生是意生身。如是生、如是幻、如是滅，所以說，有多少化身無法了知，只有諸佛了知。諸佛為什麼能了知？因為諸佛是現觀，不是思惟。

所以「即」是離於時間的對待，這一句話要好好的思惟。

「色即是空」如果以因緣的觀念來觀察，是「有因有緣滅世間」，這是從一切虛幻存有的世間，證得空性的境界；而「空即是色」則是「有因有緣集世間」，這是從現空的境界中，體悟一切如幻不可得，因此從現空中，無礙的現起如幻的眾相，因此這二句可以說是中道[3]的現觀，直接證入於緣起空相。

註釋

①化身

佛的三身或四身之一。指佛菩薩為教化救濟眾生而變化示現各種形相之身。

②意生身

指不假父母精血等緣，唯由心意業力所化生之無實質之身。又作意成身、意成色身。

③中道

中道是佛教的根本立場，指脫離邊邪，不偏不倚的中正之道。又稱中路，或單稱中。

受想行識，亦復如是。

色不異空，空不異色，色即是空，空即是色。受、想、行、識，其他四蘊也都是如是。

受不異空，空不異受，受即是空，空即是受。

想不異空，空不異想，想即是空，空即是想。

行不異空，空不異行，行即是空，空即是行。

識不異空，空不異識，識即是空，空即是識。

也就是說，一切身心透透徹徹，五蘊與空都是一體，眼、耳、鼻、舌、身、意，六根都是空，此時六根即可互用，通身受用，色、受、想、行、識這五蘊即是精神和肉身，全部都是現空。

以「受」為例子，我們來思維一下：譬如男女間的關係。

我們對他（她）的感受，我喜歡對方，我執著對方，思惟一下，以《心經》的方式來思惟，這種喜愛的感受不正是空嗎？換句話說，我們不只如此感受，還如此地思惟。但是，當有第三者出現時將對方搶走了，我們是否開始生氣了？開始採取種種手段？還是仍然感受是空呢？

這只是在生活中實際運用的一個例子，用《心經》來觀察自己生活中的種種困難，以五蘊皆空的思惟來總攝我們的肉身與精神。

因為五蘊與空都是同一個，一切身心通透，六根歸一，通身受用。到達這個境界時，六根即可互用，色、受、想、行、識這五蘊即是精神和肉身，全部都是現空。

在《心經》的修持中，首先要我們斷除對於五蘊的貪著，即是空間上的限制與執著，所以先說明五蘊皆空。

其次，要斷除五蘊的時間鍊鎖。所以是「色即是空，空即是色，受、想、行、識即是空，空即是受、想、行、識」，同時掌握到時間與空間。

所有的觀察練習都是為了瞭解五蘊皆空的道理，所以要仔細觀察。

◆以五蘊皆空的正見來觀察五蘊

色蘊的觀察

我們以色蘊是空的正見來觀察我們的身相。

當我們以我們的觀行、我們的心眼觀察時，我們可能會看到自己身內所有的三十六物，看到自己的腸子、血管、胃、骨頭、五臟六腑……等等諸物，好好觀察自己的身相，並且了知自己身內的三十六物都是因緣所聚集，都是空性。

觀察色蘊之後，接著觀察受蘊。

受蘊的觀察

受即是感受，為我們的眼、耳、鼻、舌、身、意對外界的體受，體受是實質的，可是也是因為因緣條件聚合的緣故，所以其體性也是空性。以耳朵為例，我們的耳朵可以接收到很多的音聲，或許是手拍桌子的聲音，「啪！」我們觀察到這聲音就是空性。或許一般人會以為空是無法分別，但實際上，空當然能分別！而且清楚明白，不要以為空是無知的。

想蘊的觀察

想蘊是在體受之後所產生的各種心想以及造作，而這些也都是由緣起所生的，所以都是空性。

雖然現前就是緣起，哪有什麼緣起所生！但是我們還是要思惟一下，要經過仔細的思惟，我們才能相信現前是緣起所生。

如果你不思惟就直接相信的話，這種情形有二種可能性，一種可能是：你是大菩薩的資質，一種可能是：無知。如果是無知，也可以分為兩種類型：一種是真的無知，一種是信願行的行者。

信願行者若碰到好的善知識，而且追隨善知識修行，就是具足福報，能夠修行成就。倘若沒有機會遇到善知識，而是碰到不是很好的老師，則萬年難以出頭。因此，還是建議大家要正確思惟觀察我們的心想為要。

行蘊的觀察

所謂行蘊就是：在形成一種心靈的意志決斷，為求生的根本力量，為我們生命相續的強大力量。

我們可以觀察到行蘊也是因緣所生法，其體性仍然是空的。

識蘊的觀察

當我們觀察這整個生命分析的結果，慢慢的，就能分別這種種的力量；而能夠容受這一切的經驗的就是「識」。

五蘊中的「識」是眼、耳、鼻、舌、身、意六根中的識，也包含後來唯識學者所發展的第七識、第八識甚至是第九意識，但是在此五蘊或六根中的識，在觀行的需求中，就已經足夠了，並不需要分別出來。

我們觀察識蘊亦是由緣起所形成，也都是空。

雖然在這色、受、想、行、識五蘊皆空的觀察中，我們可能無法馬上現觀皆空，但是我們可以觀察色、受、想、行、識都是空的。

我們從外在物質的粗相，觀察到心的細相、觀察思惟，由粗到細、由外到內，循序漸進地思惟觀察，這一切都是空的。

然後我們要斷除掉色、空二者的思惟，這時頓然現起的就是「色即是空，空即是色」這當中先把心放下，不再執著空性。

如此，一切現前，不必觀，亦即觀亦是空。這「即」就是在當下脫離一切時空羈絆，能觀所觀的羈絆，現前就是！這即是建立見地的精要之處。

當我們身心上的執著消除時，自然地我們在空間上的執著也消失了。而且當下全部都是。

所以受不異空，空不異受，受即是空，空即是受，受想行識都是如此的。一切都是如此，如果我們能深入體解，身心會得到無限的自由。

透過這種觀察之後，透過這樣證入之後，我們身心有沒有得到自由？學習有沒有得到自由？原來一切都是因緣法，一切都是空、色，所以說，沒有什麼不可能。體會到此點時，我們已經將障礙拿掉了。

也就是說：如果我們要去當科學家，成為科學家的道路障礙已經拿走了；我們要當一個商人、企劃人，都可以做到的。因為我們沒有障礙，將心的障礙去除、放下，我們能夠自在，而且有實踐的力量。

在此，就是要解開我們生命主體的枷鎖，色、受、想、行、識的枷鎖全部消除了，我們就是觀自在者，一個自由者。

舍利子！是諸法空相：
不生、不滅，不垢、不淨，
不增、不減

舍利子啊！這一切諸法存有都是空的相狀，
是不生、不滅，沒有染垢、沒有清淨，沒有
增加、也沒有減少的。

舍利子！是諸法空相

◈宇宙的真實現象

前面我們以肉體與精神來觀察色、受、想、行、識，而「諸法空相」則是將視野更加擴大，以外在的一切境來觀察！如果以佛教的語詞來說，即是將依報、正報的世界全部都攝取在空性當中。

「諸法空相」是透過前面練習的思惟，再加上整個佛法從橫面和側面的分析之

後，所得到的結果；是一切宇宙的萬法都是空相，這也是宇宙的真實現象。

這就是從思惟的過程中，漸漸內化到身心，體悟到宇宙的真實現象。在宇宙中，一切宇宙的眾法，其根本的實相就是空。

◆空的狀態概念

空相是什麼呢？《心經》特別以否定的方式來解釋。為什麼以否定方式來處理？這是一體兩面，如果無法直接以肯定的方式處理，就以否定處理，把所有的不是都去掉，《心經》中以「六不」來處理，而《中論》則以「八不」來處理。

「六不」是：不生不滅、不垢不淨、不增不減。「八不」是：不生不滅、不常不斷、不一不異、不來不去。

以下六「不」分別組成三對，都是描述空的狀態的概念。由於一切現象都是空的狀態，所以並沒有存在主體。沒有存在主體自然沒有生、滅、垢、淨、增、減的活動。

當我們要採取這些概念來描述對象時，是必須先假定有這樣的一個對象獨立存在著。換句話說，動作是必須先假定有動作主體的存在，否則不可能有動作產生。生滅是如此，其餘垢淨、增減的情形也是如此。

在諸法空相中，第一個提出的「不生不滅」，不生不滅即是離於生滅的對待。這是《心經》在建立「八不中道」，即是《中觀論》中的「不生亦不滅、不常亦不斷、不一亦不異、不來亦不去」。而這生、滅、常、斷、一、異、來、去，是八迷，都是肯定物的固定性，而偏於一方的偏見，都是不契合於諸法的真相，要打破這八迷，而提出八不。

八不的建立點在「生」上面，所以說，生滅不到之處即是顯現八不中道了。如何了知八不中道是建立在「生」上面呢？首先從「不生、不滅」思惟，然後擴大到八不，思惟生、滅、一、異、來、去、常、斷，都是空相。

八不中道

八不即中道，即遮止生滅、常斷、一異、來去等四雙八計所發起無所得中道之理。又作八不中觀、八不正觀、八不緣起、無得中道、無得正觀、不二正觀、八遮。為古印度大乘佛教中觀學派與中國三論宗重要理論之一。其意思是說明宇宙萬法，皆由因緣而有生滅等現象發生，實則無生無滅。如果有所謂的生或滅，則偏頗於一邊；離此二邊對待執著而說不生不滅，則為中道之理。

龍樹的《中論》記載「不生亦不滅，不常亦不斷，不一亦不異，不來亦不出，稱為八不。用「不」來遮遣（否定）世俗的八種邪執，以彰顯無得中道的實義，所以稱八不中道。

又此八不皆講諸法緣起之理，故稱八不緣起。此不生、不滅等八不，總破外道之邪執，其中不斷、不常等六不，共明不生不滅之義。依此，不生不滅為八不的根本，又因不滅由不生而存有，所以不生為無得正觀的根本。

不生不滅

世間的生命都會落到生與滅當中，什麼是生？什麼是滅？簡單的說：生是一個開始。

我們思惟一下：宇宙從什麼時候開始？今生是從何時開始呢？我們都認為有一個起始點，就因為從這個點開始，我出生了，然後我到達一個終點，我滅亡了。

但是，我們再想清楚一點，所謂生、滅，根本是我們的一個幻象，「生」的現象是在因緣條件不斷變化之後所形成的生。根本是沒有固定不變的生。而「滅」也是因緣變化中的滅，所以根本沒有「滅」可得。

因此這一切都是因緣所形成，根本沒有一個主體性，因為不生的緣故，所以不可滅。所以我們所看到任何事項的生與滅，都是我們的假設、看法、觀點。

根本一切本不生、本不滅，所以一切不生不滅，只是因緣在虛幻中存有的現象罷了，它的根本都是空的。

從第一個見地「不生不滅」，它擴大到不一、不異，不來、不去，不常、不斷，我們要仔細思惟，思惟清楚至沒有疑惑之時，就會發覺到，整個八不中道的建立是依於生滅而建立。

清楚思惟「生滅」的道理之後，發現原來不是真的有什麼東西可以出生，而是原來一切都是本不生。現前完全了悟後，法界本然實相就現前，即證入「無生法忍」的境界。

不垢不淨

在究境的生命實相中，因為不生所以不滅；由於生命從來沒有所謂真實的「出生」，所以也就沒有寂滅。而現前一切皆是現空，所以是離於垢與淨的分別對待。雖然在初始的修行中，我們心中都是想要求得清淨，但是如果讓求得清淨的心，變成一種執著的清淨癖，那麼反而會障礙菩提心，因此要離於垢、淨的分別對立。

印度自古以來，所行的禮法都是以合掌來表示恭敬禮拜，而佛教也沿用合掌的禮法。印度人認為右手是神聖的手，左手是不淨的手，所以有分別用途來使用兩手

的習慣，然而若是兩手合而為一，則表徵人類的神聖面與不淨面合而為一，所以常常藉由合掌來表現生命最真實的面目。

在修行中，我們往往對於染污與清淨，總是分得很清楚，喜歡清淨而討厭染污，然而在《心經》中提出不垢、不淨，這是指真實的智慧是超越染污與清淨，而沒有染污與清淨的分別。

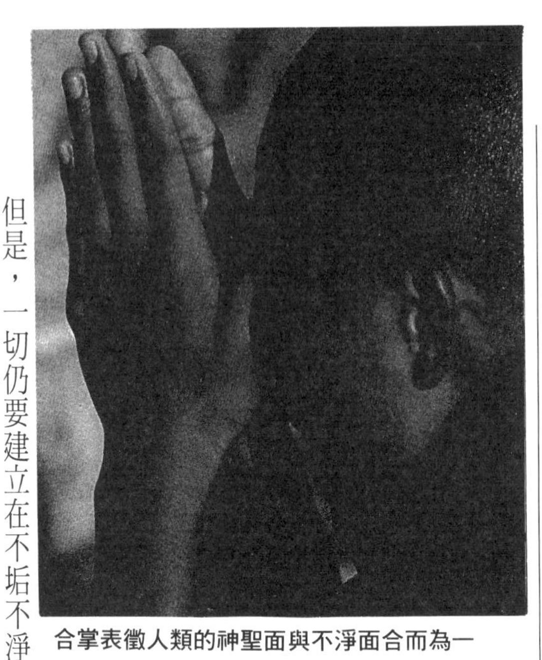

合掌表徵人類的神聖面與不淨面合而為一

但是，一切仍要建立在不垢不淨的基礎上，否則，光是認為染污不可得，恐怕在觀念上是有問題的，要立足於自身清淨上，而能夠確定不垢不淨的境地，再建立染污不可得，如此才是良善積極的態度。

不垢不淨的空相，是讓我們建立染污不可得的見地。而染污不可得的見地是從不垢不淨消極的否定面中，所提出的積極正見，是一有力的見地，能積極的幫助我們建立修行的見地，但是要注意，如果沒有不垢不淨的見地作為基礎，講染污不可得，這恐怕讓我們產生錯解，誤以為可以隨心妄為，這反而會障礙我們的修行。

有一個老婆子嫁女兒的故事可以讓我們更清楚這個道理。女兒要出嫁了，老婆子就囑咐女兒說：「女兒啊！到了夫家，不要做好事！」女兒聽了很高興的說：「那我可放膽去做壞事了！」老婆子打了她一巴掌：「連好事都不能做了，何況壞事！」

如果我們能了解不垢不淨之後，從清淨道進入，從自身清淨而能立足於不垢不淨的確定境地，體悟一切染污煩惱本空，然後方能建立染污不可得的自在境地。

不增不減

一般我們對於增減，其實在心態上是很計較的，同樣的，《心經》更積極地提出「不增不減」的論點。

修行人在修證的立場上，會不斷的清淨自身，也就是在佛法的增上緣方面，會不斷增進真諦而減損俗諦，這就小乘聖者的立場而言，是正確的方向。但就大乘菩薩而言，這是錯謬的，是會損害菩薩慧命、損害大悲心的。因為有增減的緣故，平等性智就變成不能完全現起。

在佛經上常看到「在佛不增，在眾生不減。」佛陀成佛的時間是在二千五百年前，是這麼確定的事實。他什麼時候發願也是可以了知，他怎麼自覺到無明的存在，也是可以找到緣起，但是整個生命是無窮無盡的，不是只有此生的因緣。

所以就法界來講，法界不生不滅、不增不減、無始無終，然而我們個人卻可以找到我們成佛的確定時空。就法界而言，沒有佛、眾生這些事情，可以說一切諸佛廣度一切眾生，經過無量劫的努力，教育眾生成佛，而「眾生界不增不減，諸佛界也是不增不減。」

就如同「永嘉玄覺證道歌」所說：「但自懷中解垢衣，誰能向外誇精進」，而垢衣亦不可得，所以一切平等平等、不增不減。

這「不增不減」即是平等的，也就是說諸佛不可得，在這整個觀行境界中，從斷除增減的對待，到諸佛不可得、佛法亦不可得的無所得境界。

是故空中無色，
無受、想、行、識；
無眼、耳、鼻、舌、身、意；
無色、聲、香、味、觸、法；
無眼界，乃至無意識界；
無無明，亦無無明盡，
乃至無老死，亦無老死盡；
無苦、集、滅、道，無智亦無得。

所以，在空的狀態中，沒有色身現象的存有，也沒有感受、思想、心行與意識等精神現象的存在；沒有眼、耳、鼻、舌、身、意等六根作用的主體，也沒有色、聲、香、味、觸、法等六塵外境現象的存在；沒有眼界，乃至沒有意識界等現象本質；沒有無明，也沒有無明的滅盡；乃至沒有老死，也沒有老死的滅盡；
沒有苦、沒有苦的集聚原因、沒有苦的滅盡、也沒有滅除痛苦的實踐之道。
因此，沒有能知的智慧，也沒有所能得悟的對象。

是故空中無色，無受、想、行、識；無眼、耳、鼻、舌、身、意；無色、聲、香、味、觸、法；無眼界，乃至無意識界

◈生命主體的觀察

諸法空相是宇宙的真實，所以根本沒有色身現象的存在，也沒有感受、思想、心行、意識的精神現象存在。在「五蘊皆空」的境界，是斷除色、受、想、行、識

的分別，而且更進一步將色、受、想、行、識的執著，從其根本斷除，也就是全部在空性中斬斷。這個斬斷是讓我們連這對待、假名都沒有。這是從生命主體上來觀察。

由於沒有真實眼、耳、鼻、舌、身、意六根作用的存有，所以也沒有色、聲、香、味、觸、法等六塵外境現象的真實存在，沒有眼界，乃至沒有意識界的執著。我們之所以被十八界所限制，根本原因是因為我們有執著，執著六根、六塵，因此就產生了痛苦、煩惱，而被黏滯不自在，完全在十八界的控制掌握中。

所以《心經》就以否定面來處理，《心經》共二百六十字，其中「不」字有九個，「無」字有二十個，「空」字有七個，這些否定詞大約佔了百分之十四。

《心經》以「空」的角度來看事情、處理事情，以本來無事的論點來觀察，一切觀象只是因緣的顯現，主體還是空。

在佛法中對主體的分類有六根界、六塵界，對客體的分類有六塵界。合為十八界。表列如左：

十八界

六根界	六塵界	六識界
眼界	色界	眼識界
耳界	聲界	耳識界
鼻界	香界	鼻識界
舌界	味界	舌識界
身界	觸界	身識界
意界	法界	意識界

◆外在客觀對境的觀察

「無眼、耳、鼻、舌、身、意，無色、聲、香、味、觸、法。」這是從五蘊的人體身心到六根、六境，現前觀空。

由於沒有色、受、想、行、識的具體性，所以沒有能取的眼、耳、鼻、舌、身、意六根，也沒有所取的色、聲、香、味、觸、法，全部都是空。

這是從橫向面來觀察，整個宇宙的現前一切都是如幻、虛妄不實的。

◈十八界現觀

因為沒有眼、耳、鼻、舌、身、意，所以沒有色、聲、香、味、觸、法，而色塵也是空。當我們眼睛觀察色塵時，因為沒有色塵，就認為我們看不見，這樣的見解是錯謬的。

再反向來觀察，如果我們沒有眼根，如何看到色塵？因為連眼根都沒有了，當然眼根色塵所相應的十八界也都沒有了！

這樣的觀點並不是說我們看不見、聽不到，就稱為無色、聲、香、味、觸、法；也不是因為沒有色、身、香、味、觸、法，所以我們的眼根看不到，耳根聽不到，鼻根聞不到，不是現前這一切現前都是無，重點是要對這些現象沒有執著，連一絲一毫的執著都沒有。因為當我們沒有執著，一切都放下時，一切現象就沒有「有與無」相對問題的存在了。

現觀六根（主體感官）與六識（發起作用）、六境（客體對境）這十八界，全部都是現空。所以，時間、空間、心念都是現空，而當下這一念則是「無住」，沒有住於能觀、所觀與觀境，三者全部放下，因此不會落於相待性、斷滅的境界。

在空性中有什麼特色？

其實在空性中，是不落於假象分別當中，因為，在空性中是沒有假相分別的，自然沒有色、受、想、行、識；沒有六根眼、耳、鼻、舌、身、意的種種差別。因為我們已經習慣在不斷的分化中，陷入分化差別對立中，而且常常是被自己分化的功能所執使、陷於其中。

在這樣的慣性中，我們眼睛的功能，只能夠使用被分化之後的功能。其實這樣的分化，也只是一種方便，並非皆是如此。

比如說有些動物就沒有分化出眼睛，像海中的魚類可能就沒有眼睛，因為深海中沒有光源，根本不需要眼睛。

因此，反看我們為什麼有眼睛呢？因為緣起上的需要。我們所處的環境條件，讓我們有了眼睛的作用。可是，我們要了解，是我們使用眼睛，而不是被眼睛所控制。眼睛應該是能被運用的，而不是用眼睛來障礙自己；同樣的道理，耳朵是能被運用的，也不是用耳朵來障礙自己。

或許再換一個觀點來思惟，眼睛使用的程度與耳朵來比較，眼睛的細胞跟耳朵的細胞，有什麼兩樣嗎？其實它們基本上是沒什麼兩樣。

在這樣反覆思惟的過程中，漸漸地，障礙減少了，我們可以自在使用六根，而不會被六根所生起的現象所執著。因為心中不常生起執著，將執著放下，我們的心可以得到更大的自由。而且當六根本身的作用，完全沒有障礙時，六根也可以自在互用。

所以我們開始練習時，最重要是先將執著拋開，在反覆練習的過程中，慢慢六根才能完全互通、互用，那麼，我們又獲得更大的自在了。

連外界也無色、聲、香、味、觸、法，無眼界乃至無意識界，宇宙中的所有的現象，一切現象，從主體的六根，到宇宙的十八界，種種作用，這十八界是以自身六根為中心所看到的宇宙眾相，全部都不執著。

當我們不執著時，心就慢慢鬆開了，心自由了，我們就自主了。我們的心就能觀自在、就能脫離種種障礙。在成為觀自在的過程中，有因到果的進程，都是因緣相應所現起。

剛開始在因緣相應的範圍裡面，能自在作用。慢慢的，這力量愈來愈大，然後在日常生活一切時中皆能匯整進入甚深的禪觀的時候，我們的身心會產生更深層的作用，而得到更大的自在，乃至如同諸佛一樣，具足廣大的智慧神通。

無無明，亦無無明盡，乃至無老死，亦無老死盡

這要先從十二因緣切入談起，十二因緣即是：「無明緣行，行緣識，識緣名色、名色緣六入，六入緣觸，觸緣受，受緣愛，愛緣取，取緣有，有緣生，生緣老死。」凡夫流轉，是從無明到老死的過程；聖者還淨，是從斷老死到斷無明的過程。十二因緣討論一個生命體在空間當中，經由時間的運作所產生的相續變化現象。

從無明開始，時間是不確定的，當有我執產生的時候，就是無明的開始，所以叫「無始無明」。

對生命而言，這一念的產生，就是時間的開始，所以是「無始」。無始是時間的不確定，而且這個不確定本身是沒有意識的，是如幻的。生命體是如幻的，時間是無意義的。

但對生命自體而言，無明的產生就是這意識的覺察，覺察到自身的存在，而其實這自身的存在根本不真實。當我們以為自身的存在開始時，就是無明的開始了，也就是無始無明的開始。

從無始無明以後，產生了我執，我執以自我為中心，產生生命的求生意志，保護自體的行為，這就是行。

而這個求生意志的運作，以圍繞著根本的無明為中心，不斷產生一些經驗、記憶，這種記憶本身是沒有實質的，是純粹意識的，這種不斷的記憶累積，就是所謂的意識。

所以，所有的時間對每個生命主體而言，都是存在於意識裡，沒有所謂的客觀時間，只有一個由純粹的意識的覺受而產生的時間。而這意識的不斷累積，都以根本我執為中心，而造成生命的意識。

生命的意識就是整個生命的記憶。它投入了母胎，與整個受精卵結合在一起，產生了名色。名是精神，就是意識。色是物質體，也就是受精卵。這意識進入受精卵，整個生命不斷地運作、發展，而產生了六入。

六入是六種感覺器官，眼、耳、鼻、舌、身、意，而這六入產生觸覺，觸覺會產生感受的力量，感受的力量產生執著，執著產生愛，愛又產生執取，由執取而有了存有的現象，而這存有的現象又推動著生與老死。

◆跳脫十二因緣

生命以無明的緣故，而生起自我的保護行為，這就是「行」，又由於無明會產生對待性，所以在無明緣行的過程中，會產生很多的經驗，因而產生生命意識，由這生命意識形成了生命的主體。

思惟「無無明，亦無無明盡，乃至無老死，亦無老死盡」，能直接讓我們拔除流轉的因緣，跳脫十二因緣，不再次第性的從染污的十二因緣中流轉。

1 無明
2 行
3 識
4 名色
5 六入
6 觸
7 受
8 愛
9 取
10 有
11 生
12 老死

1 當一念我執產生時，就是無明的開始，也就是無始無明。
2 求生意志的運作。
3 生命的意識，是整個生命的記憶。
4 生命的意識投入母胎，與受精卵結合在一起，產生名色。名是意識，色是受精卵。
5 眼耳鼻舌身意六根完具，隨境入塵。
6 六入產生觸覺六根與六塵相結合，名為觸。
7 對境分別，而產生苦樂的覺受。
8 於所對境界，生起貪愛之心。
9 產生渴愛與執著，追求執取。
10 煩惱輪迴由執取而有了存有的現象。
11 存有的現象推動著生。
12 人類既然有生，即有老死。

在修持的過程中，如果還是次第循序還得清淨，無法同時體解「色即是空，空即是色」，還是從老死斷、生斷、有斷，到最後無明斷，這樣是次第思惟的過程，不能夠直顯根本。

而是要將這十二因緣輪迴的過程與還淨的過程全部放下，依據這樣的正見來思惟。「無無明亦無無明盡」，連「無明」都沒有，當然沒有「無明盡」這個事情。

如果已經超越了無明，還有無明的立場，那麼還是在輪迴當中，其實這都是空的；輪迴是空，超脫輪迴也是空，這才是究竟空相。俗諦是虛幻，真諦亦不立，世間與出世間的因果都是空的。

所以說修道不可得，思惟至此，我們再回頭看「不生不滅、不垢不淨、不增不減」。然後思惟「無無明，亦無無明盡」，這不也是一種不增不減的過程嗎？

無明盡是斷除無明，增長智慧，而無無明盡則是將斷無明、增長智慧這樣的分別也給破除了，而證入不增不減的境界！連無明、無明盡都不生，所以是不生不滅。

我們在這樣的思惟中，心中不要生起貪染執著，而以為「無明盡」是好的，「無明」是不好的，如此又陷入分別之中，我們要再重新思惟「不垢不淨」不也含攝在其中嗎？「無」不是斷滅，而是超越，全體放下的境界。

所以「無無明亦無無明盡，乃至無老死亦無老死盡」。這很清楚地把所有緣覺修道上的問題全部破除，將二乘所修證的最根本境界全部破除掉。

法界本來如是，假如說真的有所修行，也只是了悟到實相而已，而不是從實相中增加什麼。

當我們明白這十二因緣的關係後，就能了解「無無明亦無無明盡」，連無明都已經消失了，當然沒有「無明盡」這個事情了，所以「乃至無老死，亦無老死盡」亦是同理可證，沒有「老死」這回事，所以也沒有「老死盡」了。

無苦集滅道，無智亦無得。

聲聞四諦觀

「苦集滅道」稱為四聖諦，四聖諦是從十二因緣產出的，人有生、老、病、死、愛別離、怨憎會、求不得等苦，雖然有時也稍稍有所喜樂，然而不究竟，終必是苦。人生是苦，諦實不虛，名為苦諦。

苦的現象都是以「我執」為根而產生，因為無明、我執而產生貪、瞋、癡三毒，由此而引起苦果，名為「集諦」。

從因生果，非不可滅，苦滅即得解脫，是滅諦。苦的現象是有其生起的原因，也可以消滅，這是世間因果的實相。

滅是想要求得苦的滅除，須依滅苦之道，道即道路方法，由此方法可以脫離苦痛，如八正道、六波羅蜜，是道諦。

諦是真實不顛倒義，四諦即是四種真理，亦名四種真實。這不只是苦等事實，而是在此等事實中，所含正見所見的苦等真理；也稱四聖諦，此惟有聖者能真實通達。

而無苦集滅道，是將苦集滅道都全部放下、斷除。「無智亦無得」是沒有智慧亦沒有所得。

總括而言，當我們以「觀自在」的方式來觀照實相，發現諸法空相，所以在「空」的現象中，沒有色、受、想、行、識，也沒有色聲香味觸法，沒有眼界，乃至沒有意識界，一切都沒有。沒有無明，也沒有無明盡，乃至無老死，亦無老死盡，也沒有苦集滅道，也沒有智慧也沒有所得，一切現成、現成。

◆無智無得的觀行

「無智亦無得」也是一種觀行。當我們在學習《心經》的過程中，自然生起一些智慧時，或許我們心中會沾沾自喜說：「好高興喔！我很有智慧哦！」這樣的心態，就是生起所得心。

當這種心生起時，應該迴觀返照自心，但是注意返照的心也要無得。

「無智無得」，就是一種還照的境界功夫。這還照的功夫是可以運用在前面所有的禪觀練習中，仔細觀察自己的觀點是否有問題？在平常的生活中，也可以如此練習。

當我們觀察自心，發現自己有貪戀執著境界的心，這樣的心態就是有所得了，也就沒有前面所講的「照見五蘊皆空」，這時要憶起：這一切都是不可得。

當我們將之運用在「色即是空，空即是色」時，在這種現觀現照的功夫裏面，它就立即被應用，而不再是一種見地了。

所以，當我們修行至此境地時，一定要有還照的練習，才能使修行更上層樓。

註釋

①八正道

八正道是正見、正思惟、正語、正業、正命、正精進、正念、正定。正見，是正確的見解、見地。正思惟是正確的思想。正語，是淨善的語言。正業是正當的行為。正命，是正當的職業。正精進，是正確的精進努力。正念，是意念正確的原則。正定，是正確的禪定。

以無所得故，

菩提薩埵依般若波羅蜜多故，

心無罣礙，無罣礙故，

無有恐怖，遠離顛倒夢想，

究竟涅槃。

因為沒有任何所得的緣故，

菩提薩埵依著智慧圓滿到達彼岸的作用，

內心沒有任何的罣礙，

因為沒有任何罣礙的緣故，所以也沒有任何的恐懼怖畏，

遠離超越了一切虛幻不實的顛倒夢想，

而證入圓滿究竟的涅槃境界。

以無所得故，菩提薩埵依般若波羅蜜多故，心無罣礙，無罣礙故，無有恐怖，遠離顛倒夢想，究竟涅槃。

◈心無罣礙行

因為沒有任何所得緣故，所以菩提薩埵（修學者）就可以依著般若波羅蜜多的智慧圓滿到彼岸的作用，而獲得自心中沒有任何罣礙的結果。

就菩薩的境界而言，這是菩薩修證般若波羅蜜多所證得的果位。但在，在本經中，這仍是屬於修持位，都還是在斷除的過程。

當我們依據般若波羅蜜多的作用，而使自心自在運作起來，無有罣礙，無住生心，生心時是無罣礙的，這樣一來，我們就能除去了以前心識中所潛存的一切恐怖、掛慮、障礙，遠離一切顛倒夢想，總算可以安住休息了。

但是，這境界還不是那麼的圓滿，只是到達一個境界，暫時獲得休息一下。

就菩薩而言，是證得涅槃的境界，沒有罣礙了，總算證得無罣礙的境界，這些都是一種很欣然、很喜悅的覺受，達到一個安住的境界。

但是在此階段還沒有完全把如來的境界提起來，這是指菩薩以前的罣礙、恐怖、顛倒夢想都沒有了，都還是在斷除微細惑的過程。

三世諸佛，
依般若波羅蜜多故，
得阿耨多羅三藐三菩提。

而過去、現在、未來的三世諸佛，
依於智慧圓滿到達彼岸的作用，
得證了究竟無上平等圓滿的正等正覺。

三世諸佛，依般若波羅蜜多故，

◈殊勝的果位

過去、現在、未來三世諸佛，依於智慧圓滿到達彼岸的作用，得證阿耨多羅三藐三菩提的佛果。

這是佛陀的果德境界，也就是《般若心經》所要證得的殊勝境界。現在已經超越了「斷」的過程，而是現起一切都空的，一切是無所得，從任何角度看都是佛行佛果。所以得阿耨多羅三藐三菩提就是無有少法可得，也就是佛的果位。

佛陀到底覺悟些什麼？他覺悟了宇宙真理和人生的實相。佛陀看到了宇宙的遷變，都是由因緣條件所構成；凡是構成現象本身的，就是這個現象的條件，也就是「因緣」，因是主因，緣是助緣。而宇宙間一切法相的生滅變異，沒有一樣能離開因緣，一切都依於因緣。

釋迦牟尼佛在菩提樹下，觀察整個宇宙間的實相，而歸納出三個原理，這三個原理，就是所謂的三法印，即諸行無常、諸法無我、涅槃寂靜。

宇宙在根本理則上是由法惟因緣所構成的，它是依著「有因有緣世間集，有因有緣世間滅」的原理運作的；而在現象上的相續而言，它是依著「有因有緣集世間，有因有緣滅世間」的實相因緣而顯現。在理則上，是建立緣起的法則，是法性因緣；而在顯現的現象上，就是所謂的「緣已生法」，是一切的宇宙方法緣起的眾象。

而這兩者，一個是「理」，一個是「事」，它們的體系是一如，是不相離的；所以，不能離開理而有事相的產生，也不能離開這事相別而有理的示現。這是釋迦牟尼佛對整個宇宙實相觀察的心法。

佛陀的覺悟可說是突破人生迷團，揭穿宇宙秘密，這就是佛陀被稱為覺者的理由。按「覺」的意義有三：

㈠自覺：覺悟三世一切諸法幻化無常等，悟性真空，了惑虛妄，成功妙智，道證圓覺。像阿羅漢具自覺。

㈡覺他：眾生不能解脫，是因為沒有覺悟。佛陀不忍自己解脫安樂而坐視著沈淪苦海裡受苦的一群痴迷眾生而不顧，所以將自己所覺悟的道理一一啟示他們，積極展開救濟活動，要使大地眾生一同覺悟起來，而獲得解脫安樂。如菩薩具足自覺、覺他。

㈢覺滿：在自覺覺他的兩種功德都做到究竟圓滿——自覺慧滿，覺他福滿。自覺慧滿者，由最初發菩提心依本覺理起始覺智，依智慧斷除疑惑，先斷除見思，再斷除塵沙惑，最終斷除無明，三惑圓斷，圓證三智，覺悟至一心本源，智慧圓滿，此為自覺慧滿。覺他福滿者，從自覺後，惟依最上乘發菩提心，利生為事業，廣修六度萬行，普遍開覺法界有情，功德圓滿，此為覺他福滿。自覺、覺他福慧圓滿，所謂三覺圓萬德具足，名之為佛。佛陀即具足自覺、覺他、覺滿三覺。

得阿耨多羅三藐三菩提

「得阿耨多羅三藐三菩提」，佛陀證得福德、智慧圓滿的究竟佛果，成就無上正等正覺。

在理想的圓滿境界中，諸佛是現前行般若波羅蜜。而這三世諸佛即是所行一切跟般若波羅蜜多相應，得阿耨多羅三藐三菩提。阿耨多羅三藐三菩提即有大作用，有大力量，能度眾生，而不執著，無有少法可得，就是這個！

我們再回顧前面《心經》所講的「觀自在菩薩行深般若波羅蜜多時，照見五蘊皆空，度一切苦厄」，有些人便把度一切苦厄當作果位，若把它當作果位，則可以視為觀自在菩薩的大悲作用，這「度一切苦厄」尚不能和三世諸佛依般若波羅蜜多故，得阿耨多羅三藐三菩提的果德相應。

但是，如果我們自身行持學習如同《心經》中的觀自在菩薩，那麼我們能觀自在，就是觀自在菩薩，不能行持觀自在，就是發願行持觀自在的人。而觀自在菩薩，他能夠度一切苦厄，這樣相應回來，我們就是佛境菩薩行的行者。

所以，就整個《心經》的見地，道地跟果位，它可以總攝一句話，也就是我們在體性上具足佛的見、道、果，而示現行持的，就是觀自在菩薩。

故知般若波羅蜜多，
是大神咒，是大明咒，
是無上咒，是無等等咒，
能除一切苦，真實不虛。
故說般若波羅蜜多咒即說咒曰：
揭諦揭諦　波羅揭諦
波羅僧揭諦　菩提薩婆訶。

所以，應當了知：智慧圓滿到達彼岸的般若波羅蜜多，

是偉大神妙的咒語、是大智慧的咒語、是無上的咒語、是超越一切無可比擬的咒語；

能除盡一切的痛苦，是完全真實而不虛妄的。

所以，宣說般若波羅蜜多咒，即是宣說咒語為：「去吧！去吧！到彼岸去吧！

完全到達彼岸去吧！

覺悟吧！謹願成就！」

故知般若波羅蜜多，是大神咒，是大明咒，是無上咒，是無等等咒，能除一切苦，眞實不虛。

「咒」又稱為真言，在佛法中以「般若」為最殊勝，所以般若波羅蜜多是最偉大神妙的咒亦是最大的明咒。明咒即是能啟發智慧的咒語；更非二乘、外道所能超過，所以是無上之咒。

「無等等」的梵語是 asamasama，為佛的尊稱。佛陀並非其餘菩薩所能等同，所以稱為「無等」；又佛道超絕，無有能與等同者，故稱「無等」；唯佛教與佛道等同，所以稱為「無等等」。

此外，形容最尊貴而無有與之相等者，在此無等等咒則是無其他東西可與比較的咒，此咒最殊勝，無與倫比，所以是無等之咒。此咒（般若）能令眾生超越生死苦，證涅槃樂，故言「能除一切苦」。般若之教是三世諸佛如實而說，所以「真實不虛」。

這是對尚未能證得前面所提境界的人，提出再次呼籲，也是再一次悲心的教誨。再牢牢記住般若波羅蜜多的偉大，是大神咒，是大明咒，是無上咒，是無等等咒，能除一切苦，真實不虛的！這是對般若的禮讚，禮讚是有功德的。我們不能因為前面所具足的一切，而不行功德。

誰最愛功德？誰最積極行功德？最積極行持功德的，莫過於諸佛！諸佛是行大功德者。他了知一切現空，他是無緣大悲，無緣大慈者，而能夠不斷的尋求一切功德，而不執著功德，精勤精進。這一點，我們確然不可忘。

所以，這裏面有二義：一義是對一般凡夫眾生的不斷呼籲，二是給我們的最後示現，我們了知那樣偉大的見行果後，我們在世間上如何真實實現，而永不退轉？

真實勤愛功德，建立功德，而不執著！

我們讚歎智慧圓滿到達彼岸的般若波羅蜜多，是偉大神妙的咒語、是大智慧的咒語、是無上的咒語，是超越一切無可比擬的咒語，能除盡一切痛苦，是完全真實而不虛妄的。

故說般若波羅蜜多咒即說咒曰：
揭諦揭諦　波羅揭諦
波羅僧揭諦　菩提薩婆訶

此咒共有四句十八字，很容易誦持，具有不可思議的功德。

「揭諦」是去、到的意思。「波羅揭諦」是到彼岸去。

「波羅僧揭諦」的「僧」是眾的意思，大眾都到彼岸（指超越生死、煩惱的涅槃境界）去。

「菩提」是正覺、覺悟。「薩婆訶」是速疾圓滿成就。

這句話是一個總歸，即是：「來吧！來吧！大家來吧！大家一起來吧！大家到涅槃的彼岸去吧！」

大家一起來吧！大家到涅槃的彼岸去吧！大家現前總持摩訶般若波羅蜜多，成能觀自在行，心具三世諸佛智慧圓滿成就。

心經生活

第2章

實踐心經

當你閱讀本書，你就開始與《心經》產生不同的關係。或許你讀誦、背誦、禮讚過很多經典，但是，從現在開始，你將更深層進入《心經》的世界，與《心經》產生瑜伽（相應），而結合在一起。

其實，《心經》就是敘述我們的自心。讓我們將《心經》的地圖變成自心的地圖，與我們的自心相應，學習以觀世音菩薩的立場，將《心經》實踐在日常生活之中。

在這裡面千萬不要產生高低、高下的分野，在此沒有「我是否夠不夠資格？」的問題，而是我們自身要不要實踐的問題。

有件事是很可悲的，就是我們常常把「自我」看得太嚴重了。而當我們把自我看得太嚴重時，往往是把「認為自己很差」這個觀點看得很執著，而認為「自我」很差，永遠無法改變，這樣的觀點真的很可悲。因為如此便無法進步、改變，等於先將自己打敗了。

學習《心經》，首先就是要學習將自我的執著打破，因為「我」是空性的，所以我們能與觀自在菩薩無二無別，這意思就是說我們現在既然是要用《心經》，來做為修證的因緣，所以從現在起就開始做觀自在菩薩。我們現在尚未圓滿對不對？沒有關係，我們是在修學中的觀自在菩薩，我們是因位中的觀自在菩薩，我們就像是學徒，從學徒開始慢慢做起。慢慢地做，從一年、三年、五年，慢慢地我們就出師了，出師了要重新開始經營，經營十年、二十年，開始慢慢成就了，最後就能變為大師了，不是這樣子嗎？所以這就是修行的因、道、果，如此來成就。

因此，我們現在的態度要跟過去不一樣，當我們背誦《心經》的時候，在讀誦

《心經》的時候，在碰到事情的時候，我們要想：「觀自在菩薩就是我們自身，我們的心就是觀自在菩薩。」以這樣的態度來處理周遭的一切。

我們現在是還沒有成就的觀自在菩薩，所以說我們是要去實踐——圓滿的、已經到達彼岸的智慧的觀自在菩薩，我們以觀自在菩薩已經圓滿的智慧，精進修持，來成就圓滿的智慧到達解脫的彼岸。

當我們實現《心經》時，會自然產生一個現象——當我們觀照自己的身體、思維、感受、意識、潛意識等，會慢慢地發現這些全部都是「空」的。

當我們逐漸知道、了解「空性」之後，我們會以《心經》來解決生活中的種種問題。

◆心經如何處理病痛問題

當身體產生疾病，感冒時，我們就練習以《心經》來處理，如何處理呢？

我們感冒、生病、頭痛，當身體生起疾病時，感受很難過，有些人就開始東想西想，心中很生氣，想著：不知道是誰害我的？……

這是一般我們的感受，生病時感到痛苦，心情感到煩悶；但是，如果我們以《心經》來處理疾病的問題時，是什麼樣的情形呢？

觀察自己的身體

《心經》的第一句話：「觀自在菩薩行深般若波羅蜜多時」，這就是開始第一步的觀察行動，開始觀察自己的身體。

身體有沒有感冒？感冒從那裡來？可能風寒了，我昨天被寒風吹到了，是寒氣侵入；或可能是流感病毒入侵。

從因緣上去觀察：病會因為我們身體的執著，而使病跟身體的結合力增強，所以會病的更厲害；但是當我們觀照著自己的身體是空性的時候，這時會發現疾病好像變得比較沒有黏著力，所以病毒的結合力便會降低，而相對抗的作用力也會減低。

試試看，當我們愈緊張時，血液中的毒素愈增加，如果現在我們反其道而行，一直放空下去，頭是空的……每一個部位都是空。

觀察身體、骨骼，是哪個部位疼痛？假設是頭痛，了知由於風寒而使頭部產生痛感。

然後開始觀想：頭骨鬆開了，皮膚鬆開了……放鬆到與虛空沒有兩樣。這時會發覺到，當整個鬆開時，我們身體就舒服些。

這方法是利用因緣法的原理，所以病毒會隨著因緣而產生變化。這時候，我們身體上的病痛就自然降低了。

我們運用《心經》來觀察疾病的來源，思維疾病是如何與我們身體相結合？而生起這種病相。進而了解到這種種因緣都是空。當然，我們愈了解空性，愈能放空，就愈能觀照清楚。

將我們心裡的情緒、各種內容，仔細觀照、覺照，在這樣覺照的過程中，會發覺到，自己身體雖不舒服，卻沒有痛苦，而且痛苦也不會相續，如是度一切苦厄。

這樣子我們就是在做觀自在菩薩的事情，就是行深般若波羅蜜多時，照見五蘊皆空，而且幫助自己度一切苦厄。

◆心經的自在運用

平常工作的時候，我們到底是如何看待自己的老闆呢？如何看待同事呢？或是如何看待自己的員工？大家是否如此思維過呢？

比如現在在工作上發生了一些事情，我們是如何看待此事呢？用什麼觀點來看待呢？是以自己的觀點呢？還是以《心經》的觀點呢？

如果別人罵我們，我們很生氣，就直接回罵，這時我們是否可以回過頭來觀察自己：是否仍然心存善意，只是忍不住罷了？雖然當時忍不住罵回去，卻清楚了解這是自己不圓滿的地方。

在世間，人們互相之間罵來罵去，幾乎是天經地義的事情，別人罵我們，我們回罵他，總是認為自己都沒有錯，沒有一點慚愧之心，也沒有觀照自己的行為是否與實相相應。

《心經》是可運用於生活中的各個部份，食、衣、住、行任何方面。

如果我們想要在事業上有所發展，希望增長與長官、客戶之間的因緣，這時，《心經》中沒有執著的見地就可以派上用場了。我們與長官相處時，態度變得不卑不亢，甚至我們會發現：自己與長官之間的關係，竟然產生微妙的變化，或是做事的效率各方面的能力，自然地增加了。

慢慢地，我們將辦公室中每一位同事，都視為觀自在菩薩，因此，我們與工作的同仁夥伴，都會結下深緣，這是未來大家一起成佛的助緣。

與家人的相處也是如此，我們運用《心經》來與家人相處得更和諧！這種種的一切，我們都可以匯整成為自己一生的行動，這就是學習觀自在菩薩的實踐方式。

生活上其他的事情，都練習如此處理，這就是《心經》的生活，我們就是在學習觀世音菩薩的行徑，實踐《心經》。

心經的生涯規劃

很多人把修行當做一種很特別的行動。比如說我現在打坐，是修行；早晚課是修行；修火供是修行；打禪七是修行……；那其他時間都不修行。

所以我們要當一個二十四小時的修行人，而不要當一個小時或兩個小時的佛教徒。最好在二十四小時中，生活中的每一秒、每一部份都是修行《心經》的地圖。

上班時是否修行呢？答案是肯定的。居家生活是修行，食、衣、住、行全部都是修行，在時間上，任何時間都是修行《心經》。

但是要注意！不論我們修行的好不好？或許我們的修行仍然不夠圓滿，但我們卻是時時刻刻都在修行。

當我們每天在佛前做早晚課，在這一個小時或是半個鐘頭的時間中，我們非常的專注，對佛陀非常的尊敬，而且念經的聲音非常的清楚，在這段時間，我們似乎扮演一個很好、很完美的修行者角色；但是觀察一下，我們其他的時間呢？我們的心是否仍然安住於修行當中，宛如在佛前呢？還是永遠只有在生活中的一小段時間在好好修行，看似每天都在好好修行，但是修行卻與自己的生命是分開的？希望大家轉換修行是「某段時間的特別行動」的觀點。

如果我們自認為是佛教徒、是修行人，應該是隨時隨地都當一位佛教徒；雖然有時會扮演得很好，有時會扮演得比較差一點。但是，整體上來說，我們應該試著去扮演成為一個二十四小時的佛教徒。

比如說我們現在在佛前，我們理當會扮演得比較好一點，為什麼比較好呢？因為在佛前的時候，我們會提醒自己，在佛前我們要做得圓滿些；而其他的時間，可能會因為沒有別人鞭策，而扮演的比較差些。但是基本上，我們還是修行的佛教徒。

這二者有何差別呢？最大的差別是在於一位真實的修行者，能以佛法的觀點來看待世界，也就是用「三法印」觀察佛陀、閱讀經典、觀察別人、看待生活的一切。

如果我們當二十四小時的佛教徒，就會常常發現自己很多不圓滿的地方。其實不圓滿並沒有關係，可是我們要清楚知道自己的不圓滿，而時時以《心經》的觀點來觀照自己的行為，改變自己的行為。

經過以上的理解，你已經決定以《心經》來改變自己的人生嗎？

如果答案是肯定的，那麼，就決定讓這一生成為《心經》的人生。讓《心經》化入我們的生活，我們的生活化入《心經》之中。

對於我們所面對的人物、事情，請試著用《心經》來思維與處理。慢慢的，我們會發現自己變得比較不執著了！漸漸地，心的地圖與《心經》地圖便越來越緊密的結合。

◆心經的生涯

不管我們過去如何，從現在開始，讓《心經》在我們的人生中，站立在重要的

位置，讓我們的生命以及根本見解，都是以《心經》為中心。

我們是否能夠確認自己可以成為觀自在者，成為觀自在菩薩，來行深般若波羅蜜多，照見五蘊皆空呢？

我們是否能夠確信如此呢？

現在，就決定讓觀自在菩薩來指導我們的生命，雖然我們立基於不圓滿的地方，但是，有朝一日，我們會成為觀自在菩薩的一部份，圓滿成為觀自在菩薩。我們所有的修法、觀照，都是觀照實相，無論我們對何種人事時地物，我們的心都不會迷妄，而清楚的觀照。

就從現在開始，我們隨時隨地觀照清楚，行住坐臥都是如此，不但白天如此，晚上是如此；不但晚上是如此，甚至做夢的時候也是如此；不僅做夢的時候是如此，連無夢的時候，還是要能夠如此，無夢時也要自在！

讓《心經》成為我們生命中最重要的位置，成為我們的見地、觀察力，實踐《心經》，圓成佛果的《心經》，成就《大般若經》的核心。

決定過心經的生活

決定現在開始，用《心經》來改變我們的生活，在這一生實現心經的生活。

以《心經》來改變生活，最重要是把《心經》的見地引入我們的見地中，每天都安住在《心經》的見地裡，慢慢累積便會產生覺受，用《心經》的方法來觀照外相；養成以《心經》觀照外相的習慣，在生活中，便可以隨時隨地受用《心經》了！

慢慢的，《心經》會內化到生活之中，漸漸地累積覺受之後，便產生證量。證量仍要不斷地增長，而逐漸臻致圓滿境界。

當我們年紀漸長，身體隨著年齡增長而體力漸衰時，當身體很疲累時，我們會因為自己過著《心經》的生活，而心還是保持那麼的清明，雖然身體動作很遲緩，但是心還是完全沒有雜染。

◆心經的時代

我們為自己的人生所訂立的種種目標，都可以用《心經》來思維。比如胎前教育，如果我們希望生下一個很好的孩子，希望他福德智慧都聚足，那麼我們可以從現在開始持誦《心經》、修持《心經》，將修持的功德迴向於自己的祈願。

如果，大家都過著《心經》的生活，那麼，我們正在擘畫一個《心經》的時代。現在的社會充滿了各種知識，但是卻缺少智慧，IQ高而智慧低，EQ更是日漸衰退，如果大家都運用《心經》的實相、觀照之理，來過《心經》的生活，那麼，一切便開始改變了。

我們的生活、反應、思惟方式就是《心經》的思維方式，碰到什麼事情就是以這種方式自然去面對、去思維。那麼，我們的生活、煩惱就會一直下降，一直減少，而且很多的障礙也自然滅除了。

如此一來，這個時代，就越來越光明。人人都可成為觀自在者、觀自在菩薩，都能夠實踐圓滿就是如同佛陀的境界了。

如果我們願意，這一生的《心經》生活，乃至我們生生世世，都可以依這樣的《心經》來成就、圓滿。

心經的感應故事

◈玄奘法師誦念心經脫困沙漠

玄奘大師是中國佛教史上非常重要的佛教經典翻譯家之一，也是《心經》的譯者之一。當法師剛出生的時候，他的母親夢見法師穿著白衣要前往西方而去。於是他的母親急著叫住他：「你是我的孩子，現在要去那裏呢？」

法師回答說：「為了求法的緣故，我要去西方。」後來才了解這是法師到西天遊方的預兆。

法師俗姓陳，名褘，洛州（今河南省）偃師人。年少時因為家境貧困，跟隨著他的兄長捷法師住在洛陽淨土寺學習佛經。法師十三歲時洛陽度僧，破格入選，其後聽聞景法師講《涅槃》，從嚴法師學《攝論》，升座複述，分析詳盡，博得大眾的欽佩。

當初玄奘法師在四川時，遇見一個病人，身上長滿濃瘡，充滿臭穢的氣味，衣服破爛污垢不堪，法師非常悲憫他，不但布施給他衣服，又照護其飲食。病人感念法師的恩德，乃傳授法師《般若波羅蜜多心經》，法師也經常誦習。

法師二十九歲時，心想：「求學貴於經遠，義重疏通，鑽仰一方，未成探賾。如果不輕生殉命，誓願往西天取經，如何能具覩成言，用通神解。」於是他決定至印度取經。

當初法師到達敦煌時，過了玉門關。放眼望去，一片悠然，只見前方平沙八百餘里，上無飛鳥，下無走獸，更無水草。法師只是一心稱念觀音菩薩聖號及般若心經。

法師向西北前進，四顧茫然，前後都無過往的人馬。沙漠的夜裏，舉火燦爛如同繁星，白天有著驚狂的暴風，暴風擁起的風沙散下時，如雨下一般。如此經過了四夜五日，玄奘法師沒有滴水霑潤喉嚨，口腹已經到達乾燋的地步，整個人幾乎將至殞絕，再也無法前進，不禁連人帶馬，倒臥於沙漠中。

陷在如此的景況中的法師，仍然一心恆續地默念著觀音菩薩的聖號，並敬啟菩薩：「玄奘此行不為求得錢財利益，也沒有希冀名譽，只是為了求得無上道心正法而來，惟有祈請觀音菩薩悲憫慈念群生，以濟救苦痛為要務，菩薩您難道不知道我所遭受的身心痛苦嗎？」法師念念無間地向觀音菩薩祈願著。

就這樣到了第五個夜半，法師忽然感到一陣涼風觸及身體，如沐浴於甘露之中，身心非常的暢快，他的雙眼變得甚為明亮，而復得明視，抖擻精神的站立起來，連馬也能起行。

玄奘法師便上馬勉強向西而行，走了大約二十多里，又體力不支倒了下去，昏昏沉沉，看見一位巨神，勉勵他振作繼續前進，不可臥倒在地待斃。

於是他又勉力復起，爬上馬背，剛跨上去，馬卻朝著異路奔去，玄奘法師也沒有力量挽住牠，只好任牠向前行進。

如此行經了數里，忽然看見數畝的青草，又看見一個水池，水味甘美清澄如鏡，人和馬都有了飲水，於是身命重新獲得保全，人馬皆得到蘇息。

休息了一天一夜之後，精神復原，便盛水刈草繼續前進。

流沙之中，曾遇見了奇形怪狀的惡鬼，圍遶著法師，法師念誦觀音聖號也不能令他們離去，於是改誦《心經》，惡鬼聞聲就消失了。

法師在遊歷印度國境，隨後經歷一百三十五國，在途中所經歷的各種危險災難，皆能安然度過。這一方面是法師宿願所致，也是《心經》、觀音菩薩的慈悲護佑。

玄奘大師

第3章 心經的日修法

修習《心經》應當將《心經》落實於生活當中，在日常生活中依止《般若心經》，以學習《心經》的見地、修持、勝行、果德為中心來生活，不斷地明解體悟經中的心要，儘量讓自己融入於經典中。

我們現在生活於這個世界，讓這世界成為《心經》的示現，讓自己身於此世間，以《心經》的正確見解為見地，以《心經》的修持為修持，以《心經》的勝行成為自己的行為，圓滿證悟成就習《心經》的果德。

每天至少找一個適宜的時間，固定修持心經，讀誦或抄寫《心經》，或依下的簡軌來修持。

◈一、皈命

南無　本師釋迦牟尼佛

南無　摩訶般若波羅蜜多

南無　能觀自在菩薩摩訶薩（三稱、三頂禮）

◈二、祈請

廣大般若心中之心　佛眼注照甚深妙行
能觀自在勝法之王　皈命覺王永無無明
無得無怖心無罣礙　現前微妙勝菩提分
無上正覺三世諸佛　大樂會集觀自在尊

◈三、發心

1 四弘誓願

眾生無邊誓願度
煩惱無盡誓願斷
法門無量誓願學
佛道無上誓願成

2 皈依發心

佛、法及僧諸聖眾　直至菩提永皈依
清淨施等我誓作　爲令有情成佛道

3 **四無量心**

願諸眾生具足樂與樂因
願諸眾生脫離苦及苦因
願諸眾生常住無苦安樂
願諸眾生捨分別證平等

4 **修法發心**

願見般若如實心　願修般若如實法
願行般若如實道　願證般若果地圓

◈四、懺悔

往昔所造諸惡業　皆由無始貪瞋癡
從身語意之所生　一切我今皆懺悔

往昔所造諸惡業　皆由無始貪瞋癡
從身語意之所生　文佛現前賜清淨
往昔所造諸惡業　皆由無始貪瞋癡
從身語意之所生　六根清淨念實相

五、供養

供養常住佛法僧眾　現前心經殊勝三寶
能供所供本然無生　無滅福慧願如勝尊

花、香、水、燈、果及無量珍寶，隨意演現，供養空中常住的諸佛菩薩及《般若心經》法三寶。

六、誦心經

《摩訶般若波羅蜜多心經》

觀自在菩薩，行深般若波羅蜜多時，照見五蘊皆空，度一切苦厄。

舍利子！色不異空，空不異色；色即是空，空即是色。受、想、行、識亦復如是。

舍利子！是諸法空相，不生、不滅，不垢、不淨，不增、不減。是故空中無色，無受、想、行、識；無眼、耳、鼻、舌、身、意；無色、聲、香、味、觸、法；無眼界，乃至無意識界；無無明，亦無無明盡，乃至無老死，亦無老死盡，無苦集滅道，無智亦無得。

以無所得故，菩提薩埵，依般若波羅蜜多故，心無罣礙，無罣礙故，無有恐怖，遠離顚倒夢想，究竟涅槃。三世諸佛，依般若波羅蜜多故，得阿耨多羅三藐三菩提。

故知般若波羅蜜多故，是大神咒，是大明咒，是無上咒，是無等等咒，能除一切苦，眞實不虛。

故說般若波羅蜜多咒，即說咒曰：「揭諦揭諦　波羅揭諦　波羅僧揭諦　菩提薩婆訶」。

◈七、靜心禪觀

誦完《心經》可靜坐片刻，思惟經中的深義。修持完畢再念誦迴向。

◈八、結歸、迴向

迴向眾生皆能圓滿成佛
迴向修證功德悉皆成就
迴向世界和平國土平安
（迴向於自己的祈願）

◈九、下座

下座後，心安住於《心經》的修持法中，並對經文的深意深刻體解，在日常的行住坐臥中，都以《心經》的觀點來實踐、面對，生活在《心經》中。

心經的藝術

第4章

《心經》是一部廣受大眾喜愛的經典，其經文簡短，因此很多書法家都喜愛抄寫《心經》，所以很多優美的書法作品都流傳下來。「心經的藝術」蒐集一些《心經》的書法作品，如歐陽詢、書聖王羲之、張旭、弘一大師及日本良寬等作品，供讀者欣賞。

《心經》是一部極珍貴的經典，古來導引著無數的高僧大德開悟解脫。而由於《心經》是智慧的精髓，從智慧光明的中心出發，自然能超越一切的痛苦災厄，具足圓滿吉祥。也因此《心經》成為一部感應力量不可思議的經典。它具有消災祈福的感應功德，所以時常書寫《心經》，不僅能讓我們修身養性，安心、定性，增長智慧，並且具有消災祈願、增長福德的功能。

觀自在菩薩行深般若波羅蜜多時照見五
蘊皆空度一切苦厄舍利子色不異空空不
異色色即是空空即是色受想行識亦復如
是舍利子是諸法空相不生不滅不垢不淨
不增不減是故空中無色無受想行識無眼
耳鼻舌身意無色聲香味觸法無眼界乃至
無意識界無無明亦無無明盡乃至無老死
亦無老死盡無苦集滅道無智亦無得以無
所得故菩提薩埵依般若波羅蜜多故心無
罣礙無罣礙故無有恐怖遠離顛倒夢想究
竟涅槃三世諸佛依般若波羅蜜多故得阿
耨多羅三藐三菩提故知般若波羅蜜多是
大神咒是大明咒是無上咒是無等等咒能
除一切苦真實不虛故說般若波羅蜜多咒
即說咒曰　揭帝揭帝波羅揭帝
波羅僧揭帝菩提薩婆訶
般若波羅蜜多心經　貞觀九年十月旦日率更令歐陽詢書

歐陽詢　楷書心經

般若波羅蜜多心經

觀自在菩薩行深般若波羅蜜多時照見五蘊皆空度一切苦厄舍利子色不異空空不異色色即是空空即是色受想行識亦復如是舍利子是諸法空相不生不滅不垢不淨不增不減是故空中無色無受想行識無眼耳鼻舌身意無色聲香味觸法無眼界乃至無意識界無無明亦無無明盡乃至無老死亦無老死盡無苦集滅道無智亦無得以無所得故菩提薩埵

依般若波羅蜜多故心無罣礙無罣礙故無有恐怖遠離顛倒夢想究竟涅槃三世諸佛依般若波羅蜜多故得阿耨多羅三藐三菩提故知般若波羅蜜多是大神咒是大明咒是無上咒是無等等咒能除一切苦真實不虛故說般若波羅蜜多咒即說咒曰

揭帝揭帝波羅揭帝

波羅僧揭帝菩提薩婆訶

嘉慶三年春正月之吉大興翁方綱敬書

翁方綱　楷書心經

般若波羅蜜多心經

觀自在菩薩行深般若波
羅蜜多時照見五蘊皆空
度一切苦厄舍利子色不
異空空不異色色即是空
空即是色受想行識亦復
如是舍利子是諸法空相

弘一法師

無老死盡無苦集滅道無智亦無得
以無所得故菩提薩埵依般若波
羅蜜多故心無罣礙無罣礙故無
有恐怖遠離顛倒夢想究竟涅
槃三世諸佛依般若波羅蜜多故

趙孟頫　行書心經（元朝）

董香光書

般若波羅蜜多心經

觀自在菩薩行深般若波

羅蜜多時照五蘊皆空

度一切苦厄舍利子色不異

空空不異色色即是空

即是色受想行識亦復如

是舍利子是諸法空相不生

不滅不垢不淨不增不減是

董其昌　行書心經（明朝）

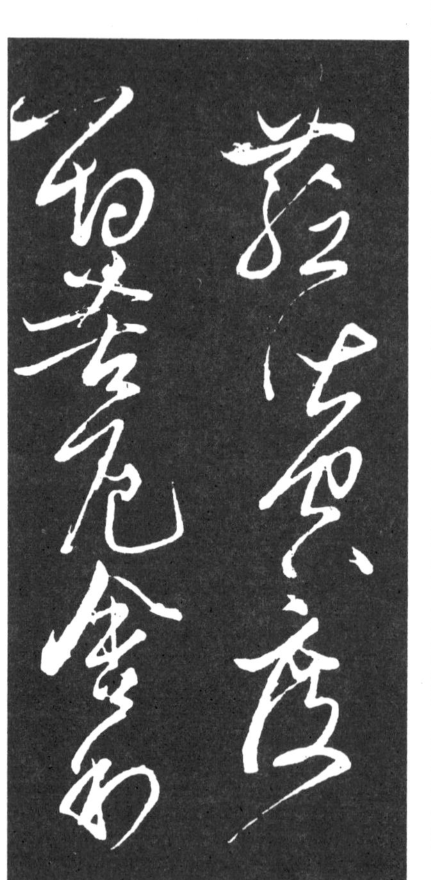

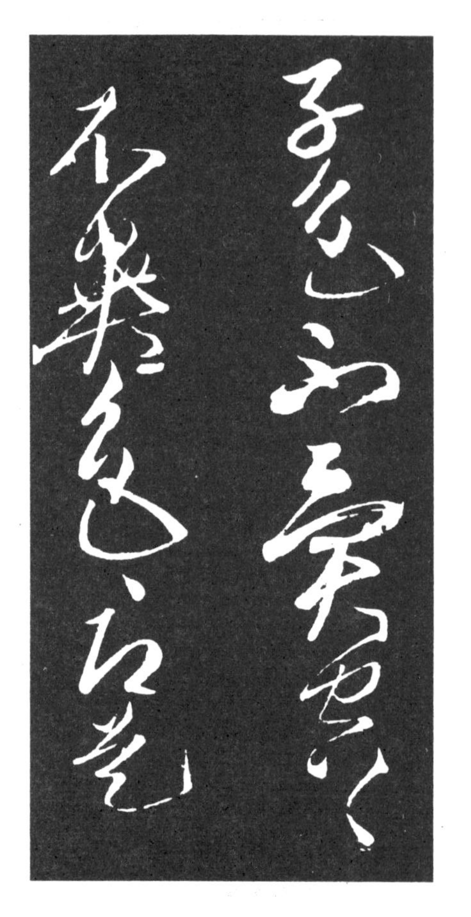

唐　張旭　草書

鄧石如　篆書心經

摩訶般若波羅蜜多心經
觀自在菩薩行深般波羅蜜
多時照見五蘊皆空度一切苦厄
舍利子色不異空空不異色色

日本　良寬

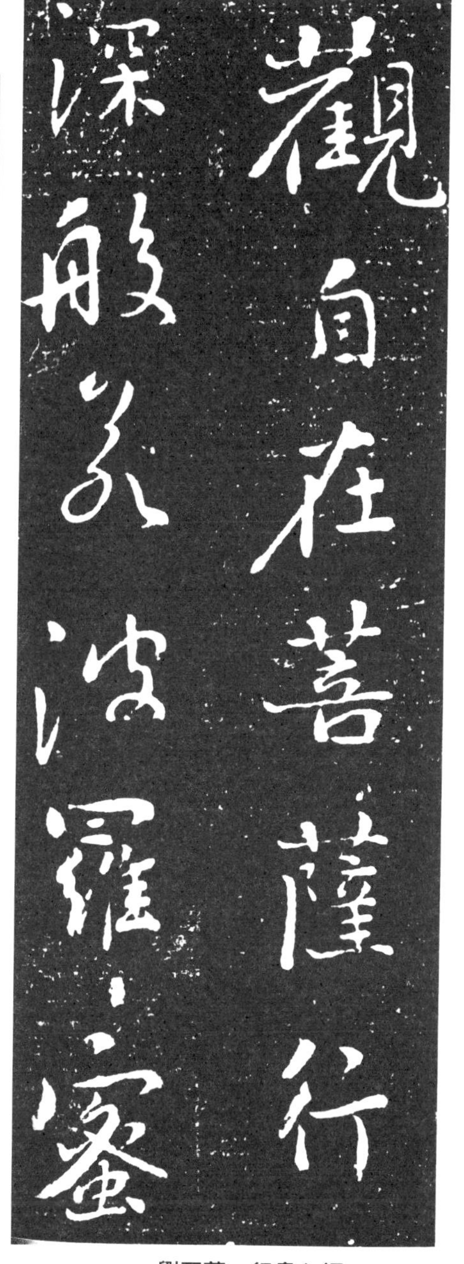

劉石菴　行書心經

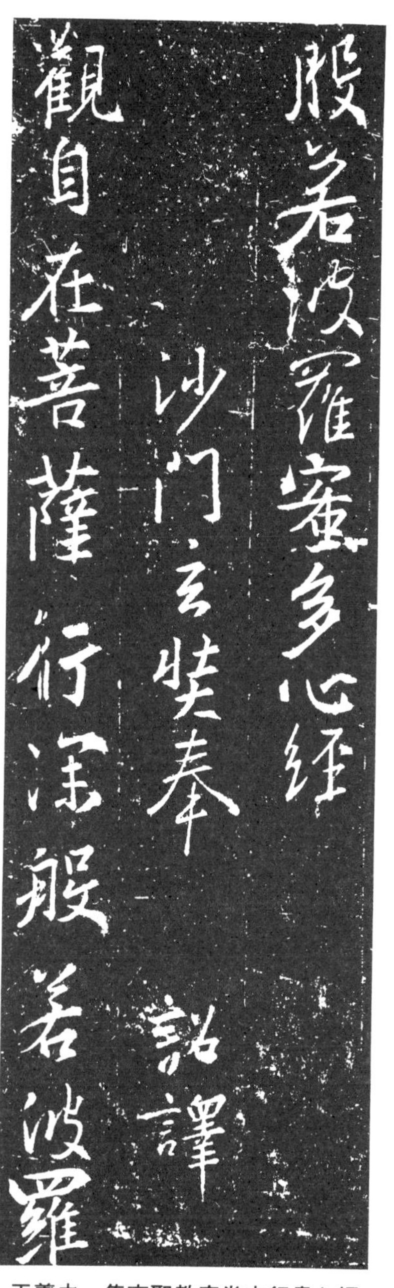

王羲之　集字聖教序卷末行書心經

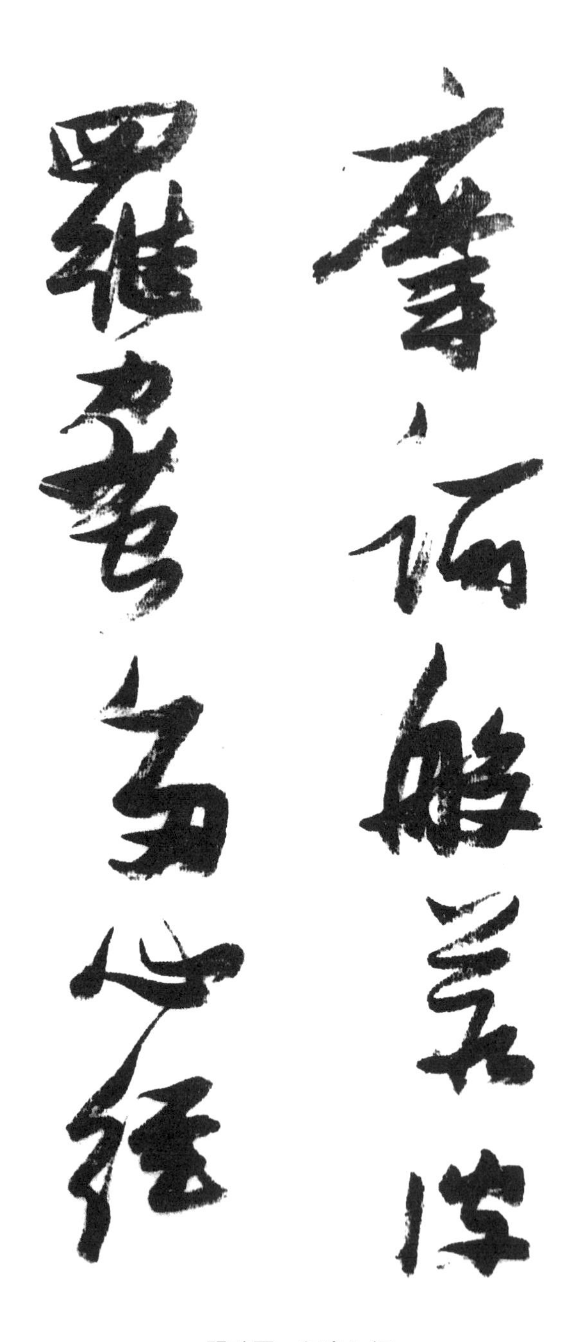

張瑞圖　行書心經

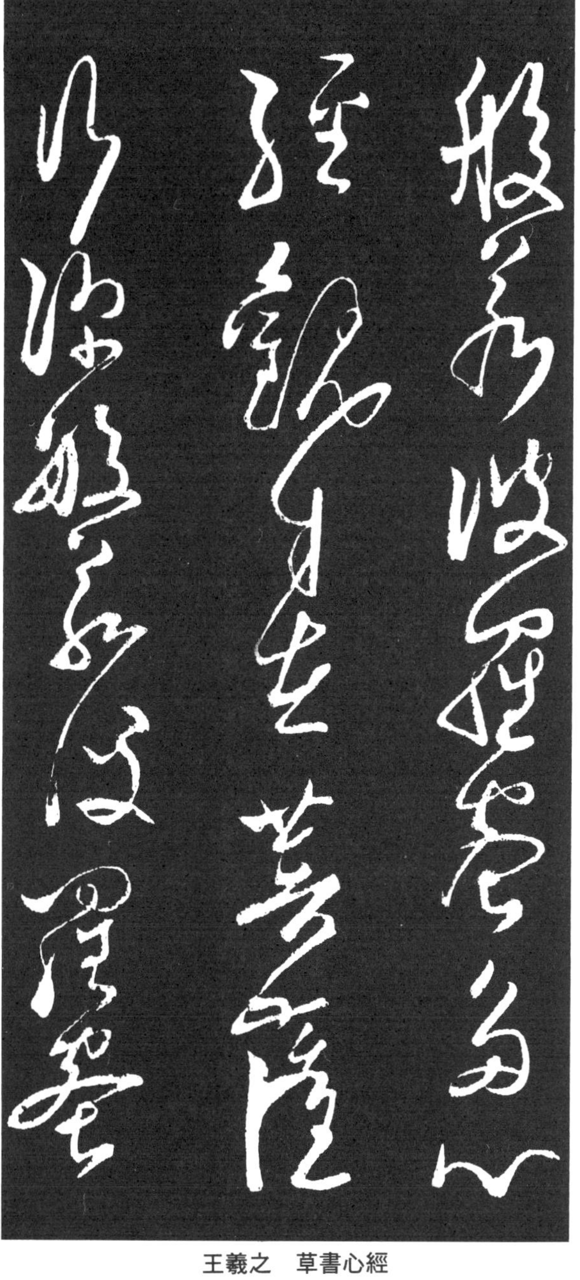

王羲之　草書心經

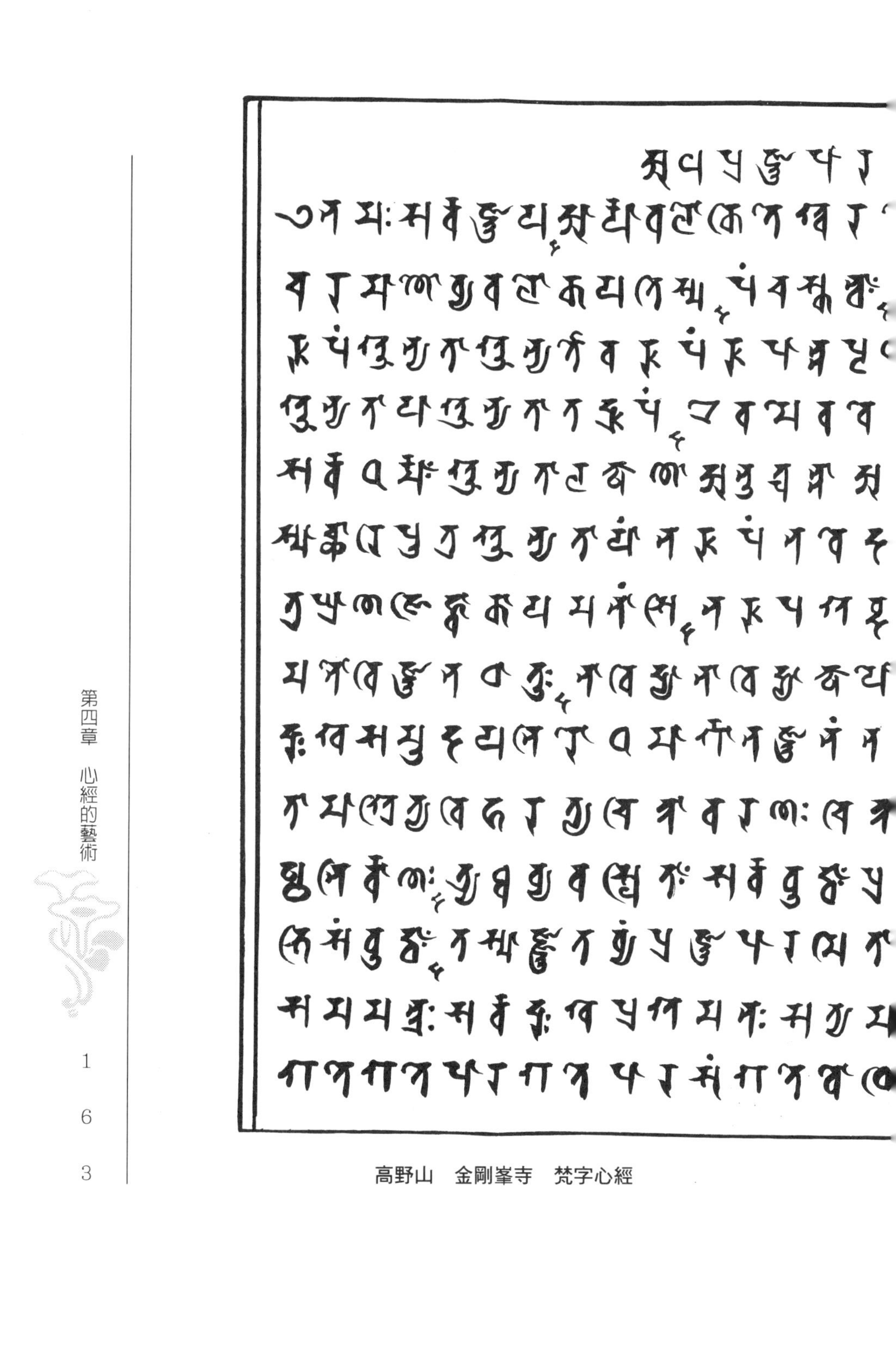

高野山　金剛峯寺　梵字心經

觀音半跏坐像　宋　木雕妝彩

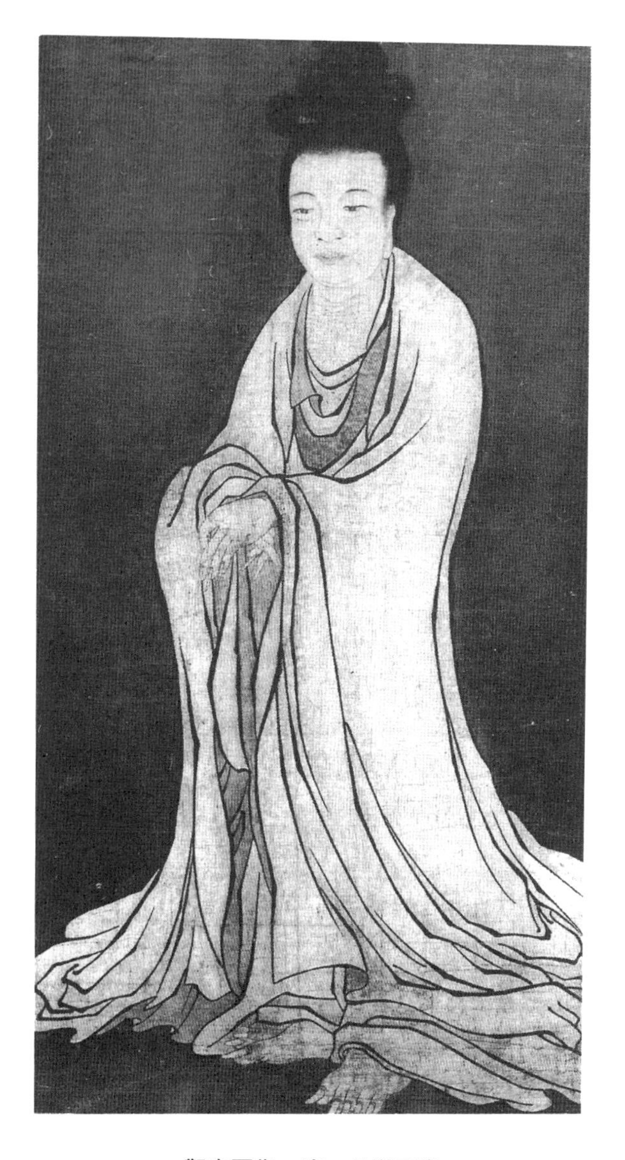

觀音圖像　唐　吳道子畫

觀音圖像　唐　吳道子　清康熙西安刻

觀音圖像　唐　閻立本畫　明萬曆普陀山刻

觀音圖像　宋　賈師古畫

觀音圖像　宋　牧谿畫

觀音圖像　元　顏輝畫

觀音圖像　明　仇英畫

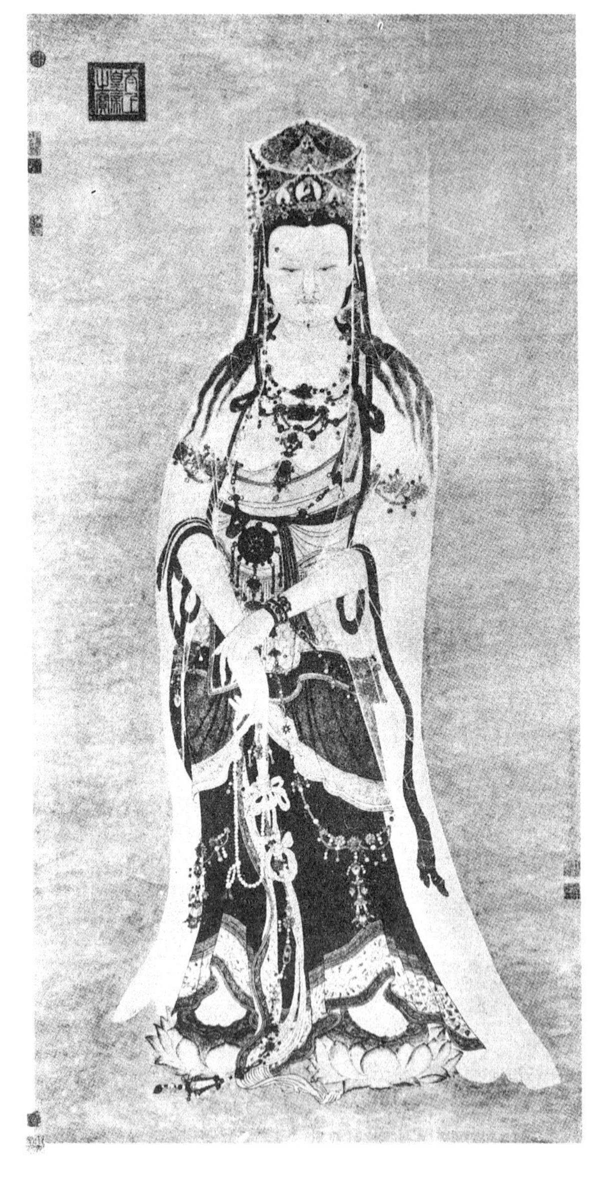

觀音圖像　明　丁雲鵬畫

觀音圖像 明 闕名畫

觀音圖像　清　冷枚畫

觀音圖像　洪啟嵩繪

附錄

般若心經傳譯史要

◆佛紀四四五年（公元前一〇〇年）

《般若經》原型成立。

◆佛紀六〇四年（公元六〇年）

《般若經》、《法華經》、《華嚴經》、《無量壽經》等初期大乘經典成立。

《般若經》與其他大乘經典相同，都在佛滅後四五百年間，才開始漸漸成立。現存六百卷《大般若經》，從其內容組織結構上及其思想來看，都不是原始所存的般若，但都是般若部系的叢書。以集合多種般若部系所成。所以原始所存的般若，祇有八千頌《小品般若》及二萬五千頌《大品般若》與《金剛般若》，所以般若部系要以「小品」為最古，約為佛陀滅後第一百年至第五百年之間。

◆佛紀七七八年（公元二三四年）

印度僧龍樹（一五〇—二五〇頃）著《中　論》、《十 二 門論》、《大智度論》、《十住毘婆沙論》等。

◆佛紀九四五年（公元四〇一年）

鳩摩羅什抵達長安（一三九五、四〇〇、四〇二），譯《仁王般若經》二卷、《金剛般若經》。

◆佛紀九四六年（公元四〇二年）

鳩摩羅什譯《摩訶般若波羅密多大明咒經》。

200　300　400

《心經》雖屬於《大品般若》之內，要在印度佛教史上考樣其流通的史實，卻不甚明瞭。英國人所編纂，於倫敦所出版的梵語的經典，於印度、西域諸地也都未發現《心經》原典。然而《心經》的漢譯，據依經錄研究，開始於東吳時代（西紀第三世紀），支謙有譯出的形跡。

現在最古的漢譯為姚秦時代（西紀第五世紀）鳩摩羅什所譯的《摩訶般若波羅蜜多大明咒經》。所以可確定於此時《心經》開始流傳於印度、西域諸地。

◆佛紀九四八年（公元四〇四年）
鳩摩羅什譯《大品般若經》三十卷、《百論》二卷。

◆佛紀九九四年（公元四五〇年）
無著作《攝大乘論》、《金剛般若經論》、《顯揚聖教論》等書。

◆佛紀一〇五三年（公元五〇九年）
菩提流支譯《金剛般若經》。

◆佛紀一〇五六年（公元五一二年）
梁武帝註釋《大品般若經》。

500

印度般若註釋家，若造《大智度論》、譯《大品般若》的龍樹菩薩，以及《金剛般若》的註釋家無著、世親二大菩薩，這幾位大論師乃佛滅七百年後，印度實相、緣起兩系大乘教系的權威，然都未與屬於實相系的『心經』相接觸。其他印度論師中亦未聞有一『心經』的註釋家，更未見一部印度撰述的『心經』註疏流傳於世。由此可審知『心經』於印度成立的時期不古，且傳播不甚廣。

龍樹菩薩

◆佛紀一〇六一年

（公元五一七年）

慧令撰《般若抄經》十二卷。

隋朝智讚著有《般若心經疏》一卷。

◆佛紀一〇九三年

（公元六四九年）

唐朝玄奘譯《般若波羅蜜多心經》

◆佛紀一一四四年

（公元七〇〇年）

唐朝義淨譯《佛說般若波羅蜜多心經》

600

特別在印度佛教的末期，密教時代（西紀四五世紀起），殆為密教所化的地方，始有『心經』的流傳。由於印度人民普遍的信仰觀自在菩薩及彌勒菩薩，故改「摩訶薩」為觀自在菩薩，奉為『心經』說法主。從這時起，『心經』原形增語的變化始有成立的可能，『心經』與密教化的關係也該始於此時。

700

『心經』異譯十一種中，除掉羅什所譯，其餘十種都為唐代的新譯。由此可知西紀七世紀密教隆盛的時代，始見『心經』盛行於世，此為顯著之史實。

玄奘大師

◆佛紀一一七七年

（公元七三三年）

唐朝法月譯《普遍智藏般若波羅蜜多心經》

◆佛紀一二三四年

（公元七九〇年）

唐朝般若共利言譯《般若波羅蜜多心經》。

日本真言宗祖師空海大師著《般若心經秘鍵》。

◆佛紀一二九四年

（公元八五〇年）

唐朝智慧輪譯《般若波羅密多心經》。

800

《般若心經秘鍵》是鳩摩羅什譯《般若心經》的註疏。收在《大正藏》第五十七冊、《弘法大師全集》卷三。本書的特色是空海認為《心經》乃說大般若菩薩之三摩地法之雜部密經。全書內容初明經之大意、題號、翻譯之異同，謂題號中之前四字意指「明大般若菩薩大心真言三摩地經」，「秘鍵」二字，為甚深秘奧之義，意指含藏或開示《心經》之秘密甚深。其次將經文分五段解釋。即：人法總通分、分別諸乘分、行人得益分、總歸持明分、秘密真言分。

弘法大師

唐朝悟達著《般若心經疏》。

唐朝窺基撰《般若波羅蜜多心經幽贊》，收於《大正藏》第三十

唐朝靖邁著《般若心經疏》。

◆佛紀一四二四年（公元九八〇年）

宋朝施護譯《佛說聖佛母般若波羅蜜多經》。

法成譯《般若波羅蜜多經》。

宋朝智圓著《般若心經疏》。

明朝達觀著有《般若心經說》、《般若心經要論》、《般若心經直談》。

元代臨濟宗僧人懷信著有《般

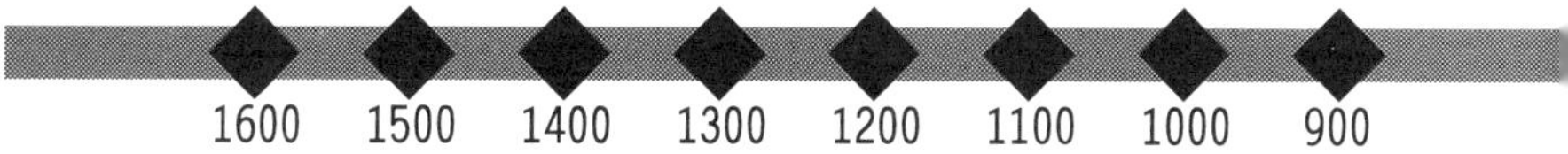

900 1000 1100 1200 1300 1400 1500 1600

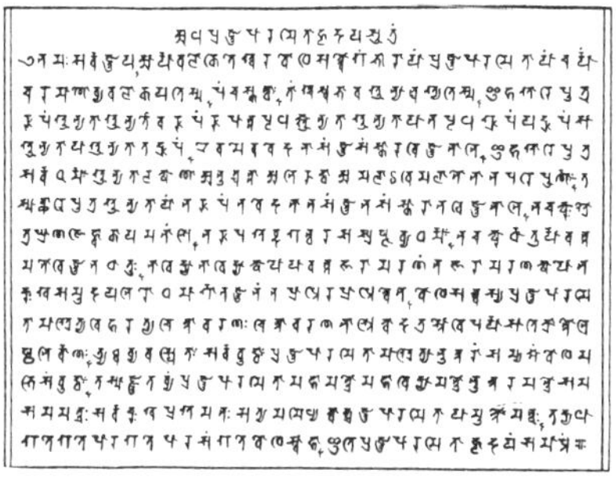

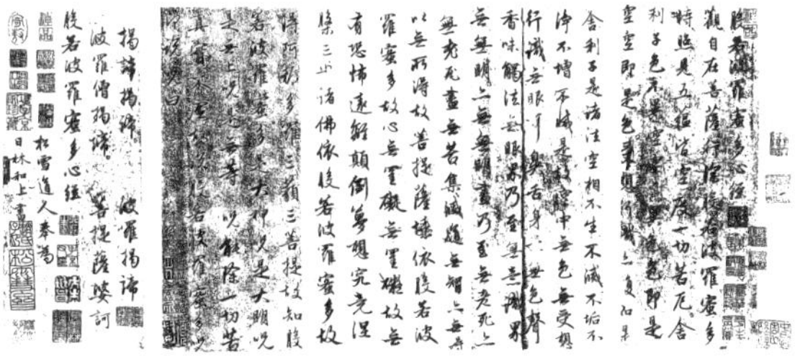

若心經注》。

明末清初曹洞僧：為霖道霈著《般若心經請益說》。

清代僧人續法著「般若心經事觀解序」。

1700

全佛文化白話佛經系列

白話華嚴經　全套八冊

國際禪學大師　洪啟嵩語譯　定價NT$5440

八十華嚴史上首部完整現代語譯！

導讀 + 白話語譯 + 註譯 + 原經文

《華嚴經》為大乘佛教經典五大部之一，為毘盧遮那如來於菩提道場始成正覺時，所宣説之廣大圓滿、無盡無礙的內證法門，十方廣大無邊，三世流通不盡，現前了知華嚴正見，即墮入佛數，初發心即成正覺，恭敬奉持、讀誦、供養，功德廣大不可思議！本書是描寫富麗莊嚴的成佛境界，是諸佛最圓滿的展現，也是每一個生命的覺性奮鬥史。內含白話、注釋及原經文，兼具文言之韻味與通暢清晰之白話，引領您深入諸佛智慧大海！

全佛文化圖書出版目錄

佛教小百科系列

書名	定價
□ 佛菩薩的圖像解說1-總論•佛部	320
□ 佛菩薩的圖像解說2-菩薩部•觀音部•明王部	280
□ 密教曼荼羅圖典1-總論•別尊•西藏	240
□ 密教曼荼羅圖典2-胎藏界上	300
□ 密教曼荼羅圖典2-胎藏界中	350
□ 密教曼荼羅圖典2-胎藏界下	420
□ 密教曼荼羅圖典3-金剛界上	260
□ 密教曼荼羅圖典3-金剛界下	260
□ 佛教的真言咒語	330
□ 天龍八部	350
□ 觀音寶典	320
□ 財寶本尊與財神	350
□ 消災增福本尊	320
□ 長壽延命本尊	280
□ 智慧才辯本尊	290
□ 令具威德懷愛本尊	280
□ 佛教的手印	290
□ 密教的修法手印-上	350
□ 密教的修法手印-下	390
□ 簡易學梵字(基礎篇)-附CD	250
□ 簡易學梵字(進階篇)-附CD	300
□ 佛教的法器	290
□ 佛教的持物	330
□ 佛教的塔婆	290
□ 中國的佛塔-上	240
□ 中國的佛塔-下	240
□ 西藏著名的寺院與佛塔	330
□ 佛教的動物-上	220
□ 佛教的動物-下	220
□ 佛教的植物-上	220
□ 佛教的植物-下	220
□ 佛教的蓮花	260
□ 佛教的香與香器	280
□ 佛教的神通	290
□ 神通的原理與修持	280
□ 神通感應錄	250
□ 佛教的念珠	220
□ 佛教的宗派	295
□ 佛教的重要經典	290
□ 佛教的重要名詞解說	380
□ 佛教的節慶	260
□ 佛教的護法神	320
□ 佛教的宇宙觀	260
□ 佛教的精靈鬼怪	280
□ 密宗重要名詞解說	290
□ 禪宗的重要名詞解說-上	360
□ 禪宗的重要名詞解說-下	290
□ 佛教的聖地-印度篇	200

佛菩薩經典系列

書名	定價
□ 阿彌陀佛經典	350
□ 藥師佛•阿閦佛經典	220
□ 普賢菩薩經典	180
□ 文殊菩薩經典	260
□ 觀音菩薩經典	220
□ 地藏菩薩經典	260
□ 彌勒菩薩•常啼菩薩經典	250
□ 維摩詰菩薩經典	250
□ 虛空藏菩薩經典	350
□ 無盡意菩薩•無所有菩薩經典	260

佛法常行經典系列

書名	定價
□ 妙法蓮華經	260
□ 悲華經	260
□ 大乘本生心地觀經•勝鬘經•如來藏經	200

- ☐ 小品般若波羅密經 220
- ☐ 金光明經 • 金光明最勝王經 280
- ☐ 楞伽經 • 入楞伽經 360
- ☐ 楞嚴經 200
- ☐ 解深密經 • 大乘密嚴經 200
- ☐ 大日經 220
- ☐ 金剛頂經 • 金剛頂瑜伽念誦經 200

三昧禪法經典系列

- ☐ 念佛三昧經典 260
- ☐ 般舟三昧經典 220
- ☐ 觀佛三昧經典 220
- ☐ 如幻三昧經典 250
- ☐ 月燈三昧經典(三昧王經典) 260
- ☐ 寶如來三昧經典 250
- ☐ 如來智印三昧經典 180
- ☐ 法華三昧經典 260
- ☐ 坐禪三昧經典 250
- ☐ 修行道地經典 250

修行道地經典系列

- ☐ 大方廣佛華嚴經(10冊) 1600
- ☐ 長阿含經(4冊) 600
- ☐ 增一阿含經(7冊) 1050
- ☐ 中阿含經(8冊) 1200
- ☐ 雜阿含經(8冊) 1200

佛經修持法系列

- ☐ 如何修持心經 200
- ☐ 如何修持金剛經 260
- ☐ 如何修持阿彌陀經 200
- ☐ 如何修持藥師經-附CD 280
- ☐ 如何修持大悲心陀羅尼經 220
- ☐ 如何修持阿閦佛國經 200
- ☐ 如何修持華嚴經 290
- ☐ 如何修持圓覺經 220
- ☐ 如何修持法華經 220
- ☐ 如何修持楞嚴經 220

守護佛菩薩系列

- ☐ 釋迦牟尼佛-人間守護主 240
- ☐ 阿彌陀佛-平安吉祥 240
- ☐ 藥師佛-消災延壽(附CD) 260
- ☐ 大日如來-密教之主 250
- ☐ 觀音菩薩-大悲守護主(附CD) 280
- ☐ 文殊菩薩-智慧之主(附CD) 280
- ☐ 普賢菩薩-廣大行願守護主 250
- ☐ 地藏菩薩-大願守護主 250
- ☐ 彌勒菩薩-慈心喜樂守護主 220
- ☐ 大勢至菩薩-大力守護主 220
- ☐ 準提菩薩-滿願守護主(附CD) 260
- ☐ 不動明王-除障守護主 220
- ☐ 虛空藏菩薩-福德大智守護(附CD) 260
- ☐ 毘沙門天王-護世財寶之主(附CD) 280

輕鬆學佛法系列

- ☐ 遇見佛陀-影響百億人的生命導師 200
- ☐ 如何成為佛陀的學生-皈依與受戒 200
- ☐ 佛陀的第一堂課-四聖諦與八正道 200
- ☐ 業力與因果-佛陀教你如何掌握自己的命運 220

洪老師禪座教室系列

□ 靜坐-長春.長樂.長效的人生	200	□ 沒有敵者-強化身心免疫力的修鍊法(附CD)	280
□ 放鬆(附CD)	250	□ 夢瑜伽-夢中作主.夢中變身	260
□ 妙定功-超越身心最佳功法(附CD)	260	□ 如何培養定力-集中心靈的能量	200
□ 妙定功VCD	295		
□ 睡夢-輕鬆入眠•夢中自在(附CD)	240		

禪生活系列

□ 坐禪的原理與方法-坐禪之道	280	□ 禪師的生死藝術-生死禪	240
□ 以禪養生-呼吸健康法	200	□ 禪師的開悟故事-開悟禪	260
□ 內觀禪法-生活中的禪道	290	□ 女禪師的開悟故事(上)-女人禪	220
□ 禪宗的傳承與參禪方法-禪的世界	260	□ 女禪師的開悟故事(下)-女人禪	260
□ 禪的開悟境界-禪心與禪機	240	□ 以禪療心-十六種禪心療法	260
□ 禪宗奇才的千古絕唱-永嘉禪師的頓悟	260		

佛家經論導讀叢書系列

□ 雜阿含經導讀-修訂版	450	□ 楞伽經導讀	400
□ 異部宗論導讀	240	□ 法華經導讀-上	220
□ 大乘成業論導讀	240	□ 法華經導讀-下	240
□ 解深密經導讀	320	□ 十地經導讀	350
□ 阿彌陀經導讀	320	□ 大般涅槃經導讀-上	280
□ 唯識三十頌導讀-修訂版	520	□ 大般涅槃經導讀-下	280
□ 唯識二十論導讀	300	□ 維摩詰經導讀	220
□ 小品般若經論對讀-上	400	□ 菩提道次第略論導讀	450
□ 小品般若經論對讀-下	420	□ 密續部總建立廣釋	280
□ 金剛經導讀	220	□ 四法寶鬘導讀	200
□ 心經導讀	160	□ 因明入正理論導讀-上	240
□ 中論導讀-上	420	□ 因明入正理論導讀-下	200
□ 中論導讀-下	380		

談錫永作品系列

□ 閒話密宗	200	□ 佛家名相	220
□ 西藏密宗占卜法-妙吉祥占卜法(組合)	580	□ 密宗名相	220
		□ 佛家宗派	220
□ 細說輪迴生死書-上	200	□ 佛家經論-見修法鬘	180
□ 細說輪迴生死書-下	200	□ 生與死的禪法	260
□ 西藏密宗百問-修訂版	210	□ 細說如來藏	280
□ 觀世音與大悲咒-修訂版	190	□ 如來藏三談	300

大中觀系列

- □ 四重緣起深般若-增訂版 420
- □ 心經內義與究竟義-印度四大論師釋《心經》 350
- □ 聖入無分別總持經對堪及研究 390
- □ 《入楞伽經》梵本新譯 320
- □ 《寶性論》梵本新譯 320
- □ 如來藏論集 330
- □ 如來藏二諦見 360
- □ 《聖妙吉祥真實名經》梵本校譯 390
- □ 《聖妙吉祥真實名經》釋論三種 390
- □ 《辨中邊論釋》校疏 400

甯瑪派叢書-見部系列

- □ 九乘次第論集-佛家各部見修差別 380
- □ 甯瑪派四部宗義釋 480
- □ 辨法法性論及釋論兩種 480
- □ 決定寶燈 480
- □ 無修佛道-現證自性大圓滿本來面目教授 360
- □ 幻化網秘密藏續釋-光明藏 560
- □ 善説顯現喜宴-甯瑪派大圓滿教法 650

甯瑪派叢書-修部系列

- □ 大圓滿心性休息導引 395
- □ 大圓滿前行及讚頌 380
- □ 幻化網秘密藏續 480
- □ 六中有自解脱導引 520

離言叢書系列

- □ 解深密經密意 390
- □ 如來藏經密意 300
- □ 文殊師利二經密意 420
- □ 無邊莊嚴會密意 190
- □ 勝鬘師子吼經密意 340
- □ 龍樹二論密意 260

蓮花生大士全傳系列

- □ 蓮花王 320
- □ 師子吼聲 320
- □ 桑耶大師 320
- □ 廣大圓滿 320
- □ 無死虹身 320
- □ 蓮花生大士祈請文集 280

密乘寶海系列

- □ 現觀中脈實相成就-開啟中脈實修秘法 290
- □ 智慧成就拙火瑜伽 330
- □ 蓮師大圓滿教授講記-藏密寧瑪派最高解脫法門 220
- □ 密宗修行要旨-總攝密法的根本要義 430
- □ 密宗成佛心要-今生即身成佛的必備書 240
- □ 無死-超越生與死的無死瑜伽 200

佛經修持法 1

《如何修持心經》

作　　者　洪啟嵩
執行編輯　吳霈媜
校　　對　劉詠沛
封面設計　張育甄
出　　版　全佛文化事業有限公司
永久信箱：台北郵政26-341號信箱
訂購專線：（02）2913-2199
傳真專線：（02）2913-3693
發行專線：（02）2219-0898
匯款帳號：3199717004240 合作金庫銀行大坪林分行
戶　　名：全佛文化事業有限公司
E-mail：buddhall@ms7.hinet.net
新北市新店區民權路95號4樓之1（江陵金融大樓）
門　　市　門市專線：（02）2219-8189
行銷代理　紅螞蟻圖書有限公司
台北市內湖區舊宗路二段121巷19號（紅螞蟻資訊大樓）
電話：（02）2795-3656
傳真：（02）2795-4100
初　　版　二〇〇三年十月
初版七刷　二〇一四年十二月
定　　價　新台幣二〇〇元
ISBN　978-957-2031-38-4（平裝）

國家圖書館出版品預行編目資料

如何修持心經/ 洪啟嵩著. -- 初版. --
新北市：全佛文化, 2003
面；　公分. －(佛經修持法：1)
ISBN 978-957-2031-38-4(平裝)

1.佛教 - 修持　2.般若部
225.7　　　　92017869

Published by BuddhAll Cultural Enterprise Co.,Ltd.